SQL Server 2017
les nouveautés

SQL Server 2017
les nouveautés

Rudi Bruchez

Éditions Expert Days
2019

ISBN pour l'édition imprimée : 978-2-9 567 598-0-5

Il est prévu d'incorporer régulièrement des mises à jours et corrections dans l'édition électronique.

Rudi Bruchez

Modélisation, administration, optimisation, audit, formation pour SQL Server.

http://www.babaluga.com/contact

https://www.linkedin.com/in/rudibruchez/

https://www.youtube.com/user/10fuseful/

Microsoft
CERTIFIED
Solutions Associate

SQL Server 2012

Microsoft
MVP Most Valuable
Professional

pluralsight
hardcore dev and IT training

in LEARNING

Ce livre est réalisé avec LibreOffice Writer. Les polices utilisées sont libres : Linux Libertine G et Linux Biolinum G (https://numbertext.org/linux/).

Table des matières

Chapitre 1.   Nouveautés pour l'administration

1.1.   Généralités

1.1.1.   Servicing model

Historiquement, les mises à jour de SQL Server fonctionnaient par Service Packs (SP) et par Cumulative Updates (CU). Cette stratégie était nommée l'ISM, ou *Incremental Servicing Model*.

En 2017, Microsoft a changé de stratégie. La nouvelle stratégie de mise à jour a été nommée le MSM, ou *Modern Servicing Model*.

Le MSM comporte uniquement des mises à jour cumulatives (CU, ou *Cumulative Updates*) et des mises à jour de sécurité, nommées GDR (General Distribution Release)

Les CU sortent avec une régularité prédéfinie.

- Chaque mois sur les 12 premiers mois après la sortie d'une version ;

- chaque trimestre pour les quatre années suivantes. En tout cas, c'était l'idée de départ. À partir de décembre 2018, Microsoft a décidé de sorti un nouveau CU chaque deux mois au lieu de chaque trimestre ;

- le support principal (*mainstream*) sur une version dure cinq ans ;

- le support étendu (*extended support*) dure de la sixième à la dixième année. Adresse les problèmes critiques et les problèmes de sécurité ;

- années 11 à 16, support étendu seulement pour l'assurance premium.

1.1.1.1   Vérification de la version

La terminologie de SQL Server est importante. Une **version** correspond à un numéro de sortie, un SKU. Par exemple, SQL Server 2017 CU12 est une version. L'**édition** est la distribution de SQL Server dans cette version, par exemple édition Developer, ou édition Entreprise. Ne confondez pas version et édition.

Vous pouvez vérifier un numéro de build graphiquement dans l'explorateur d'objets de SQL Server Management Studio (SSMS), dans les propriétés de l'instance (du serveur).

Vous pouvez aussi utiliser la variable système @@VERSION.

```
SELECT @@VERSION;
```

Cette variable est remplacée avantageusement par la fonction SERVERPROPERTY(), qui comporte quelques paramètres utiles :

- **ProductLevel** – indique s'il s'agit d'une version ou d'une préversion. La version finale est nommée RTM (*Release To Manufacturing*). Dans l'ISM, on voyait ici la mention du SP quand un Service Pack était appliqué.

- **ProductVersion** – indique la version complète avec le numéro de build. Par exemple, 14.0.3029.16.

- Vous trouvez les correspondances de numéros de version et de build sur un des deux sites suivants :

    o https://sqlserverbuilds.blogspot.com/

    o https://buildnumbers.wordpress.com/sqlserver/

- Dans SQL Server 2016, plusieurs paramètres ont été ajoutés à la fonction, pour donner des indications plus précises :

- **ProductBuild** – Le numéro de build. Correspond au troisième numéro de la version. Par exemple, 3029.

- **ProductMajorVersion** – Le numéro de version majeure. Par exemple, 14 pour SQL Server 2017. Correspond au premier numéro de la version.

- **ProductMinorVersion** – Le numéro de version mineure. Par exemple, 0 pour SQL Server 2017. Correspond au deuxième numéro de la version. C'est pratiquement toujours 0. Le dernier cas était SQL Server 2008 R2, dont la version complète était 10.50.

- **ProductUpdateLevel** – Le numéro du CU en clair. Par exemple CU8.

- **ProductUpdateReference** – la référence de l'article de la base de connaissance (*Knowledge Base*) de Microsoft qui décrit le contenu de la sortie. Par exemple KB4 338 363. Vous pouvez chercher directement cette référence sur internet pour trouver les informations de la mise à jour.

Voici un exemple d'appel de ces différentes fonctions :

```
DECLARE @prop TABLE (propertyname sysname PRIMARY KEY)

INSERT INTO @prop(propertyname)
VALUES ('ProductVersion'),
        ('ProductLevel');

IF CAST(CAST(SERVERPROPERTY('ProductVersion') AS CHAR(2)) AS INT) >
12
BEGIN
    INSERT INTO @prop(propertyname)
    VALUES      ('ProductBuild'),
                ('ProductMajorVersion'),
                ('ProductMinorVersion'),
                ('ProductUpdateLevel'),
                ('ProductUpdateReference');
END;

SELECT propertyname as Propriete, SERVERPROPERTY(propertyname) FROM
@prop;
```

Ce qui retourne le résultat suivant sur mon SQL Server local.

Propriete	Valeur
ProductBuild	3029
ProductLevel	RTM
ProductMajorVersion	14
ProductMinorVersion	0
ProductUpdateLevel	CU8
ProductUpdateReference	KB4 338 363
ProductVersion	14.0.3029.16

1.2.   Sécurité des assemblies

L'ancien modèle de sécurité est basé sur la CAS – Code Access Security, avec trois niveaux :

* SAFE

* EXTERNAL_ACCESS

* UNSAFE

Spécifiées à l'aide de l'option PERMISSION_SET de la commande CREATE ASSEMBLY.

Mais ce mode de sécurité n'est plus pris en charge dans les versions du Framework .NET à partir de la version 4.5. Donc, les options de SQL Server n'ont plus réellement d'effet. Une assembly importée avec PERMISSION_SET = SAFE peut accéder à des ressources externes et acquérir des privilèges sysadmin. Il y a donc un trou de sécurité.

> (i) PERMISSION_SET est donc ignoré au moment de l'exécution, mais la valeur de l'option est conservée dans les métadonnées, pour assurer la compatibilité.

1.2.1.   clr strict security

SQL Server 2017 implémente une **Sécurité CLR stricte**, qui ignore l'option PERMISSION_SET lorsqu'elle est activée. Quand elle est activée :

1. toutes les assemblies sont traitées par SQL Server comme si elles étaient marquées UNSAFE ;

2. toute assembly importée dans SQL Server doit être signée ;

3. un RESTORE ou ATTACH DATABASE d'une base qui contient des assemblies non signées ne créera pas les assemblies en question.

Cette option est par défaut à vrai (1) à partir de SQL Server 2017. C'est une option avancée.

1.2.1.1   Changer l'option clr strict security

Pour changer cette option, vous devez avoir le privilège CONTROL SERVER au niveau serveur, ou être membre du rôle fixe serveur sysadmin.

Pour voir la valeur de configuration :

```
SELECT *
FROM sys.configurations
WHERE name = N'clr strict security';
```

Pour changer la valeur de configuration :

```
EXEC sp_configure 'show advanced options', 1
RECONFIGURE;
EXEC sp_configure 'clr strict security', 0;
RECONFIGURE;
```

(i) Conseil : ne placez jamais cette option à faux (0), même pour compatibilité descendante. Gérez plutôt la sécurité à l'aide de signatures.

Vous pouvez désactiver temporairement cette option si vous devez importer une assembly avant d'avoir importé une clé de signature, ou si vous avez des problèmes d'importation.

1.2.2.   Signature des assemblies

Si l'option CLR strict security est activée, toute assembly ajoutée dans SQL Server doit être signée au préalable, à l'aide d'un certificat ou d'une clé asymétrique.

Cette clé doit être mappée à un login auquel on a accordé l'autorisation UNSAFE ASSEMBLY dans la base de données master.

Les administrateurs SQL Server peuvent également ajouter des assemblies à une liste que le moteur de base de données doit approuver.

1.2.2.1 Créer une clé de chiffrement

Pour ajouter une assembly, elle doit être signée. Pour la signer, vous devez avoir un certificat ou une clé asymétrique. Vous pouvez créer cette clé dans SQL Server ou à l'extérieur, et l'importer ensuite dans SQL Server.

1.2.2.2 Importation de clé dans SQL Server

On peut importer la clé de signature de l'assembly à l'aide de la commande CREATE CERTIFICATE.

```
CREATE CERTIFICATE signature
    FROM FILE = 'c:\assemblies\Certs\mon_cert.cer'
    WITH PRIVATE KEY (FILE = 'c:\assemblies\Certs\mon_cert .pvk',
    DECRYPTION BY PASSWORD = 'fsd63545dgDG');
```

1.2.2.3 Importer l'assembly

Il faut ensuite créer un login à partir du certificat, et lui accorder le privilège UNSAFE ASSEMBLY, avant d'importer l'assembly.

```
CREATE LOGIN FonctionsLogin FROM CERTIFICATE signature;
GRANT FonctionsLogin UNSAFE ASSEMBLY;
CREATE ASSEMBLY Fonctions FROM 'c:\Code\Fonctions.dll'
```

1.2.2.4 Supprimer une assembly

N'oubliez pas de supprimer le login et le certificat.

```
DROP LOGIN FonctionsLogin;
DROP CERTIFICATE signature;
DROP ASSEMBLY Fonctions;
```

1.2.3. Marquer une assembly « de confiance »

L'obligation de signer l'assembly a été assouplie lors de la sortie de SQL Server 2017 RC1. Les assemblies peuvent être marquées « de confiance » (*trusted*). Si c'est le cas, elles peuvent être importées et utilisées sans être signées. C'est une situation de contournement non recommandée.

1.2.3.1 procédure sys.sp_add_trusted_assembly

Pour ajouter une assembly à la liste des assemblies de confiance pour le serveur, utilisez :

```
sp_add_trusted_assembly
    [ @hash = ] value
    [ , [ @description = ] 'description' ]
```

Arguments

Argument	Description
[@hash =] valeur	Le hash de l'assembly, valeur binaire
[@description =] 'description'	Une description optionnelle

Vous devez avoir la permission CONTROL SERVER ou être membre du rôle fixe de serveur sysadmin.

1.2.3.2 DMV sys.trusted_assemblies

La vue de gestion dynamique sys.trusted_assemblies contient une ligne pour chaque assembly de confiance pour le serveur.

Nom de colonne	Type de données	Description
hachage	varbinary(8000)	SHA2_512 hachage du contenu de l'assembly.
description	nvarchar(4000)	Description définie par l'utilisateur, optionelle
create_date	Datetime2	Date d'ajout de l'assembly
created_by	Nvarchar(128)	Login du créateur

1.2.3.3 sys.sp_drop_trusted_assembly

La procédure suivante supprime une assembly de la liste des assemblies de confiance, mais ne supprime pas physiquement l'assembly.

```
sp_drop_trusted_assembly
        [ @hash = ] 'value'
```

Argument	Description
[@hash =] 'valeur'	La valeur de hachage SHA2_512 de l'assembly à supprimer de la liste

1.3. Reconstruction d'index en ligne avec reprise

La reconstruction d'index (`rebuild`) peut être interrompue et reprise.

```
ALTER INDEX { index_name | ALL } ON <object>
{
    REBUILD { [ WITH ( <rebuild_index_option> [ ,...n ] ) ]
    }
    | ONLINE = { ON [ ( <low_priority_lock_wait> )] | OFF }
    | RESUMABLE = { ON | OFF }
    | MAX_DURATION = <time> [MINUTES]
    | RESUME [WITH (<resumable_index_options>,[...n])]
    | PAUSE
    | ABORT
}
[ ; ]
<resumable_index_option> ::=
 {
    MAXDOP = max_degree_of_parallelism
    | MAX_DURATION =<time> [MINUTES]
    | <low_priority_lock_wait>
 }
<low_priority_lock_wait>::=
{
    WAIT_AT_LOW_PRIORITY ( MAX_DURATION = <time> [ MINUTES ] ,
                           ABORT_AFTER_WAIT = { NONE | SELF |
BLOCKERS } )
}
```

Cette option s'applique aux reconstructions d'index en ligne (`ONLINE`), donc à l'édition Entreprise.

L'opération peut être reprise après une erreur ou une défaillance.

On peut mettre en pause manuellement une opération d'index avec reprise.

L'opération en pause n'empêche pas le journal de transaction de se tronquer.

1.3.1.   Limitations

La fonctionnalité de reconstruction d'index avec reprise souffre des limitations suivantes :

- Elle ne fonctionne que sur les index traditionnels en b-tree, pas sur les index ColumnStore ou XML.

- Vous ne pouvez pas mentionner l'option SORT_IN_TEMPDB, parce que les pages de tri sont maintenues quand la reconstruction est interrompue, et il faut donc les conserver.

- Cela ne fonctionne pas sur les index sur des colonnes calculées persistantes. Cela s'explique car lorsqu'une reconstruction est interrompue, SQL Server doit conserver une trace de toutes les modifications opérées sur la colonne indexée.

- L'index ne peut pas être désactivé (*disabled*).

- Vous ne pouvez pas déclencher une reconstruction avec reprise à l'intérieur d'une transaction utilisateur.

1.3.2.   Autres options et commandes des versions précédentes

Les options suivantes sont disponibles depuis SQL Server 2014.

1.3.2.1 WAIT_AT_LOW_PRIORITY

Cette option ne peut être utilisée qu'avec ONLINE=ON. Elle n'est donc disponible qu'en édition Entreprise.

Une reconstruction d'index online doit poser un verrou de stabilité de schéma sur la table. Pour le poser, elle doit attendre que la table soit libre d'autres verrous. Si la table est très sollicitée, la commande ALTER INDEX peut être bloquée et attendre indéfiniment.

L'option WAIT_AT_LOW_PRIORITY permet de spécifier une stratégie d'attendre sur un blocage.

Si l'option WAIT AT LOW PRIORITY est omise, cela équivaut à
WAIT_AT_LOW_PRIORITY (MAX_DURATION = 0 minutes,
ABORT_AFTER_WAIT = NONE).

MAX_DURATION = time [MINUTES]

L'option MAX_DURATION indique le temps d'attente en minutes pendant lequel les verrous de reconstruction d'index en ligne devront attendre. Si le blocage atteint la durée de MAX_DURATION, une des actions ABORT_AFTER_WAIT est déclenchée. Comme la durée MAX_DURATION est toujours spécifiée en minutes, le mot MINUTES peut être omis.

ABORT_AFTER_WAIT = [NONE | SELF | BLOCKERS }]

Option	Description
NONE	Continuez à attendre le verrou avec la priorité normale.
SELF	Quittez l'opération DDL de reconstruction de l'index en ligne actuellement exécutée sans effectuer aucune action.
BLOCKERS	Annulez toutes les transactions utilisateurs qui bloquent l'opération DDL de reconstruction de l'index en ligne afin que l'opération puisse continuer. Avec l'option BLOCKERS, la connexion doit avoir l'autorisation ALTER ANY CONNECTION.

1.3.3.   Les options et commandes nouvelles en SQL Server 2017

1.3.3.1 RESUMABLE = { ON | OFF}

Spécifie si une opération d'index en ligne peut être reprise.

MAX_DURATION = time [MINUTES] – utilisé avec RESUMABLE = ON (nécessite ONLINE = ON) – Indique le temps (valeur entière spécifiée en minutes) pendant lequel une opération d'index en ligne pouvant être reprise est exécutée avant d'être mise en pause.

1.3.3.2 RESUME

Reprend une opération d'index mise en pause manuellement ou suite à une défaillance.

MAX_DURATION utilisé avec RESUMABLE=ON – lorsque vous reprenez l'opération, vous pouvez indiquer que cette reprise peut elle-même être interrompue et reprise.

Une fois que le délai expire, l'opération pouvant être reprise est mise en pause si elle est toujours en cours d'exécution.

1.3.3.3 WAIT_AT_LOW_PRIORITY avec RESUMABLE=ON et ONLINE = ON

On peut utiliser l'option WAIT_AT_LOW_PRIORITY sur une opération en ligne qui peut être reprise.

1.3.3.4 Commandes de gestion

PAUSE – mettre en pause une opération de reconstruction d'index en ligne pouvant être reprise.

ABORT – abandonne une opération d'index en cours d'exécution ou en pause qui a été déclarée comme pouvant être reprise. Vous devez exécuter explicitement une commande ABORT pour mettre fin à une opération de reconstruction d'index pouvant être reprise. L'échec ou la mise en pause d'une opération d'index pouvant être reprise n'arrête pas son exécution, mais la laisse dans un état de pause indéterminée.

1.3.3.5 Considérations

- Vous pouvez suspendre et redémarrer une opération de création ou de reconstruction d'index à plusieurs reprises en fonction de vos fenêtres de maintenance.

- Quand une opération d'index est en pause, l'index d'origine et celui qui vient d'être créé nécessitent de l'espace disque et doivent être mis à jour durant les opérations DML.

- L'interruption permet de « dé-transactionnaliser » l'opération. Vous pouvez donc utiliser ce mécanisme pour permettre de vider le journal de transaction entre deux reprises de l'opération.

- Microsoft indique qu'il n'y a aucune différence de performances entre l'opération avec reprise et sans reprise. La création d'index pouvant être repris impose une surcharge constante qui entraîne un petit écart de performances par rapport aux autres types d'index. Cette différence n'est sensible que pour les petites tables.

- Lors de la mise à jour d'un index pouvant être repris alors qu'une opération d'index est en pause :

  - ○ Pour les charges de travail de lecture principalement, l'impact sur les performances est insignifiant.

  - ○ Pour les grosses charges de travail de mise à jour, dégradation du débit (tests de Microsoft : moins de 10 %).

- Microsoft indique qu'il n'y a pas de différence de qualité de défragmentation entre la création ou la reconstruction d'index en ligne avec et sans reprise.

1.3.3.6 Syntaxes

Reconstruire un index avec possibilité de reprise.

```
ALTER INDEX index_name ON table
REBUILD WITH (
    ONLINE = ON , RESUMABLE ON, MAX_DURATION = X MINUTES
);
```

Reprendre une reconstruction interrompue.

```
ALTER INDEX index_name ON table
RESUME WITH (MAX_DURATION = X MINUTES );
```

Mettre en pause une reconstruction d'index.

```
ALTER INDEX index_name ON table PAUSE;
```

Annuler totalement une opération.

```
ALTER INDEX index_name ON table ABORT;
```

1.3.3.7 Option par défaut d'exécution avec reprise, SQL Server 2019

(i) Option disponible en version préliminaire de SQL Server 2019.

La commande ALTER DATABASE SCOPED CONFIGURATION inclut une nouvelle option pour définir le comportement par défaut des opérations d'index. La commande ALTER DATABASE SCOPED CONFIGURATION est détaillée dans le chapitre 1.4, « Configurations de portée base de données », en page 21.

Voici un exemple de la commande :

```
ALTER DATABASE SCOPED CONFIGURATION SET ELEVATE_RESUMABLE =
WHEN_SUPPORTED;
```

Cette option force le moteur à élever automatiquement les opérations de reconstruction d'index à une exécution pouvant être reprise (*resumable*).

Les valeurs de l'option sont :

Option	Description
FAIL_UNSUPPORTED	Si la commande ne peut être résumée, elle s'arrête et provoque une exception.
WHEN_SUPPORTED	Si la commande ne peut être résumée, elle s'exécute sans option de reprise.
OFF	Ne change pas l'opération. Valeur par défaut.

L'option s'applique uniquement aux instructions DDL qui prennent en charge la syntaxe resumable. Par exemple, si vous tentez de créer un index XML, l'opération s'exécute en mode hors resumable, car les index XML ne prennent pas en charge l'option resumable.

> (i) En SQL Server 2017, seule la commande ALTER INDEX supporte l'option RESUME = ON. SQL Server 2019 CTP 2 ajoute cette option pour la commande CREATE INDEX.

1.3.4. Métadonnées

1.3.4.1 sys.index_resumable_operations

```
SELECT * FROM sys.index_resumable_operations;
```

Les colonnes intéressantes sont les suivantes :

Colonne	Type de données	Description
object_id	Int	ID de l'objet auquel cet index appartient, donc une table ou une vue indexée
index_id	Int	ID de l'index
name	sysname	Nom de l'index
sql_text	nvarchar(max)	Texte de l'instruction DDL
last_max_dop	smallint	Dernière MAX_DOP utilisé (par défaut = 0)
state	tinyint	État opérationnel pour les index pouvant être reprise : • 0 = en cours d'exécution • 1 = pause
state_desc	nvarchar(60)	Description de l'état opérationnel pour les index pouvant être repris (en cours d'exécution ou suspendu)
start_time	datetime	Heure de début de l'opération
last_pause_time	datatime	Opération d'index dernier temps de pause. NULL si jamais mise en pause
total_execution _time	Int	Durée d'exécution totale à partir de l'heure de début en minutes
percent_comple te	real	Pourcentage de progression
page_count	bigint	Nombre total de pages d'index allouées par l'opération de génération d'index pour le nouveau et les index de mappage.

1.3.5.   Exemple

Voici un exemple de création d'un index avec reprise sur une base volumineuse.

```
USE stackoverflow;
GO
```

```
CREATE INDEX nix_votes_01 ON SO.Votes (UserId);
```

Sur mon ordinateur, la création de l'index a pris une minute vingt.

Ensuite, nous pouvons recréer l'index. L'option RESUME = ON est disponible pour la commande ALTER INDEX, uniquement si l'option ONLINE = ON est mentionnée. Si vous essayez d'appeler l'option RESUME = ON sans ONLINE = ON, vous déclenchez l'exception 11 438.

```
Msg 11438, Niveau 15, État 1, Ligne 8
The RESUMABLE option cannot be set to 'ON' when the ONLINE option is
set to 'OFF'.
```

Reconstruisons donc l'index, en indiquant que la reconstruction doit s'interrompre après une minute si elle n'a pas réussi à s'exécuter dans ce délai.

```
ALTER INDEX nix_votes_01 ON SO.Votes
REBUILD WITH (ONLINE = ON, RESUMABLE = ON, MAX_DURATION = 1
MINUTES);
```

Si le temps de reconstruction dépasse la durée limite, nous obtenons une exception.

```
Msg 3643, Niveau 16, État 1, Ligne 8
La durée écoulée de l'opération a dépassé la durée maximale
spécifiée pour cette opération. L'exécution a été arrêtée.
L'instruction a été arrêtée.
Msg 596, Niveau 21, État 1, Ligne 7
Impossible de poursuivre l'exécution, car la session a été terminée.
Msg 0, Niveau 20, État 0, Ligne 7
Une erreur grave s'est produite sur la commande actuelle. Les
résultats éventuels doivent être ignorés.
```

Et une déconnexion s'opère.

1.3.5.1   Utiliser le gouverneur de ressources pour tester la fonctionnalité

Pour simuler un long temps d'attente de reconstruction d'index, vous pouvez utiliser le gouverneur de ressources, et limiter les IO d'une session. Dans l'exemple suivant, je limite les IO d'un login en particulier. Il suffit ensuite d'ouvrir une session avec ce login, et de lancer la reconstruction d'index.

```
-- Gouverneur de ressources pour tester la réindexation avec reprise

-- 1. Création d'un pool de ressources
CREATE RESOURCE POOL [Limited] WITH
(MAX_IOPS_PER_VOLUME = 50);
GO

-- 2. Création d'un groupe de travail lié au pool de ressources
CREATE WORKLOAD GROUP [Limited]
USING [Limited];
GO

-- 3. Création d'une fonction de classification
USE Master;
GO
CREATE FUNCTION dbo.fn_LimitedClassifier()
RETURNS SYSNAME WITH SCHEMABINDING
AS
BEGIN
    DECLARE @GroupName SYSNAME;

    IF SUSER_NAME() = 'test'
        SET @GroupName = 'Limited';
    ELSE
        SET @GroupName = 'Default';

    RETURN @GroupName;
END
GO

-- 4. Enregistrement de la fonction dans le gouverneur de ressources
ALTER RESOURCE GOVERNOR WITH
(
    CLASSIFIER_FUNCTION = dbo.fn_LimitedClassifier
);
GO
```

```
-- Reconfigure sur le gouverneur de ressources, pour activation
ALTER RESOURCE GOVERNOR RECONFIGURE;
GO


-- 5. Création du login
CREATE LOGIN test WITH PASSWORD = 'Test1234';
GO
ALTER SERVER ROLE [sysadmin] ADD MEMBER [test];
GO

-- exécution de l'exemple

-- Nettoyage final
USE master;
GO
DROP LOGIN test;
GO
ALTER RESOURCE GOVERNOR WITH (CLASSIFIER_FUNCTION = NULL);
GO
ALTER RESOURCE GOVERNOR RECONFIGURE;
GO
DROP FUNCTION dbo.fn_LimitedClassifier;
GO
DROP WORKLOAD GROUP [Limited];
GO
DROP RESOURCE POOL [Limited];
GO
```

1.3.5.2 Vérification et reprise

Je vérifie maintenant l'état de la reconstruction à l'aide de la vue
`sys.index_resumable_operations`.

```
SELECT
      OBJECT_NAME(iro.object_id) AS [Table],
      iro.name AS [Index],
      idx.type_desc AS [Type],
```

```
    sql_text AS [Commande],
    state_desc AS [State],
    start_time, last_pause_time,
    total_execution_time,
    percent_complete,
    page_count
FROM sys.index_resumable_operations iro
JOIN sys.indexes idx ON iro.object_id = idx.object_id
                    AND iro.index_id = idx.index_id;
```

Ce qui donne le résultat suivant. Seules les colonnes utiles sont présentées.

Commande	State	Percent_ complete
ALTER INDEX nix_votes_01 ON SO.Votes REBUILD WITH (ONLINE = ON, RESUMABLE = ON, MAX_DURATION = 1 MINUTES)	PAUSED	83,77

Je peux maintenant reprendre la reconstruction d'index.

Si j'essaie plutôt de relancer une opération de reconstruction avec les mêmes options :

```
ALTER INDEX nix_votes_01 ON SO.Votes REBUILD WITH (ONLINE = ON,
RESUMABLE = ON, MAX_DURATION = 1 MINUTES);
```

Je reçois le message suivant :

```
Warning: An existing resumable operation with the same options was
identified for the same index on 'Votes'. The existing operation
will be resumed instead.
```

Et l'opération originelle est reprise, plutôt que de recommencer une reconstruction.

1.4.   Configurations de portée base de données

Depuis SQL Server 2016, un certain nombre de configurations auparavant non disponibles ou disponibles seulement à travers des drapeaux de trace (*trace flag*), sont disponibles clairement, par des options de configuration explicites, au niveau de la base de données.

En SQL Server 2017, la commande ALTER DATABASE SCOPED CONFIGURATION comporte une nouvelle option : IDENTITY_CACHE qui évite les écarts dans les valeurs des colonnes d'identité si un serveur redémarre de façon inattendue ou bascule vers un serveur secondaire en AlwaysOn.

La configuration est bien entendu contenue dans les métadonnées de la base de données, et sera donc conservée lors d'une sauvegarde et d'une restauration.

1.4.1.   Syntaxe et permissions

```
ALTER DATABASE SCOPED CONFIGURATION
{
    { [ FOR SECONDARY] SET <set_options>}
}
| CLEAR PROCEDURE_CACHE
| SET < set_options >
[;]
< set_options > ::=
{
    MAXDOP = { <value> | PRIMARY}
    | LEGACY_CARDINALITY_ESTIMATION = { ON | OFF | PRIMARY}
    | PARAMETER_SNIFFING = { ON | OFF | PRIMARY}
    | QUERY_OPTIMIZER_HOTFIXES = { ON | OFF | PRIMARY}
    | IDENTITY_CACHE = { ON | OFF }
    | OPTIMIZE_FOR_AD_HOC_WORKLOADS = { ON | OFF }
    | XTP_PROCEDURE_EXECUTION_STATISTICS = { ON | OFF }
    | XTP_QUERY_EXECUTION_STATISTICS = { ON | OFF }
    | ELEVATE_ONLINE = { OFF | WHEN_SUPPORTED | FAIL_UNSUPPORTED }
    | ELEVATE_RESUMABLE = { OFF | WHEN_SUPPORTED |
FAIL_UNSUPPORTED }
```

```
  | GLOBAL_TEMPORARY_TABLE_AUTODROP = { ON | OFF }
}
```

Pour exécuter la commande `ALTER ANY DATABASE SCOPE CONFIGURATION`, vous devez avoir le privilège `ALTER ANY DATABASE SCOPE CONFIGURATION` sur la base de données. Cette autorisation peut être accordée par un utilisateur disposant de l'autorisation `CONTROL` pour une base de données.

```
GRANT ALTER ANY DATABASE SCOPED CONFIGURATION to [Benedicte];
```

Si vous utilisez les déclencheurs DDL, l'événement `ALTER_DATABASE_SCOPED_CONFIGURATION` est disponible dans le groupe de déclencheurs `ALTER_DATABASE_EVENTS`.

Plusieurs options de configuration sont disponibles dans SQL Server Management Studio, dans les propriétés de la base de données.

1.4.1.1 CLEAR PROCEDURE_CACHE

La commande suivante :

```
ALTER DATABASE SCOPED CONFIGURATION CLEAR PROCEDURE_CACHE;
```

vide le cache de plans d'exécutions de requêtes et de procédures dans la base de données courante. Elle peut être utilisée à la place de la vieille commande DBCC suivante :

```
DBCC FREEPROCCACHE;
```

qui vide complètement le cache de plans, et plus spécifiquement la commande suivante :

```
DBCC FLUSHPROCINDB(database_id);
```

qui vide la cache de plans pour une base de données en particulier. Voici un exemple pour la base de données PachadataFormation :

```
DECLARE @dbid INT = DB_ID('PachadataFormation');
DBCC FLUSHPROCINDB (@dbid);
```

Bien sûr, on peut voir le cache de plans à l'aide de la vue sys.dm_exec_cached_plans. Par exemple, la requête suivante affiche le contenu du cache de plans pour les objets qui ne font pas partie du pool de ressources interne :

```
SELECT *
FROM sys.dm_exec_cached_plans
WHERE pool_id > 1; -- 1 is Internal
```

1.4.2.   Options de configuration

FOR SECONDARY – Spécifie les paramètres pour les bases de données secondaires AlwaysOn ouverts en lecture seule. Toutes les bases de données secondaires auront la même valeur, on ne peut pas attribuer une valeur à un secondaire spécifique.

Si vous utilisez l'option FOR SECONDARY, la valeur de configuration peut aussi être PRIMARY, Cela signifie que la valeur pour les réplicas secondaires suivra dynamiquement la valeur du réplica principal.

1.4.2.1 MAXDOP

Permet de spécifier le degré de parallélisme par défaut pour les requêtes qui s'exécutent dans le contexte de la base de données. MAXDOP est l'abréviation familière dans SQL Server de *Maximum Degree of Parallelism*, une option de niveau serveur qu'il est maintenant possible de configurer par base de données.

0 est la valeur par défaut, cela indique que la configuration du serveur doit être utilisée.

Pour comprendre le fonctionnement de MAXDOP, on peut agir sur le degré de parallélisme à quatre niveaux :

1. au niveau du serveur, à l'aide de l'option de serveur « maximum degree of parallelism » ;

2. au niveau d'un groupe de charge de travail dans le gouverneur de ressources. Cette option est prioritaire par rapport à toutes les autres ;

3. au niveau de la base de données, grâce à l'option de configuration que nous voyons ici ;

4. directement dans une requête, à l'aide de l'option de requête MAXDOP.

Exemples :

```
ALTER DATABASE SCOPED CONFIGURATION SET MAXDOP = 1;
ALTER DATABASE SCOPED CONFIGURATION FOR SECONDARY SET MAXDOP = 4;
ALTER DATABASE SCOPED CONFIGURATION FOR SECONDARY SET MAXDOP =
PRIMARY;
```

1.4.2.2 LEGACY_CARDINALITY_ESTIMATION

En 2014, Microsoft a modifié le moteur d'estimation de cardinalité[1]. Le moteur d'estimation de cardinalité influe fortement sur les performances des requêtes. Si l'estimation est mauvaise, on peut observer d'importantes dégradations de performance.

Il se trouve que, dans certains cas, l'ancien moteur d'estimation de cardinalité effectuait de meilleures estimations, et qu'il générait de meilleurs plans d'exécution.

---

1   selon la documentation suivante : https://docs.microsoft.com/fr-fr/sql/relational-databases/performance/cardinality-estimation-sql-server

J'ai eu plusieurs clients qui ont vu leurs requêtes se dégrader fortement après une migration d'une version antérieure à 2014 vers une version égale ou supérieure. Cette option permet de forcer l'utilisation de l'ancien moteur d'estimation de cardinalité pour la base de données. Cette option est disponible depuis SQL Server 2016. En SQL Server 2014, vous pouviez activer le drapeau de trace 9481, sur le serveur, ou sur une requête en particulier, pour forcer l'ancien moteur d'estimation de la cardinalité. Voyez les exemples suivants :

```
DBCC TRACEON (9481, -1);

SELECT *
FROM Contact.ProspectUS pu
OPTION (QUERYTRACEON 9481);
```

La première commande (DBCC) active l'ancien moteur d'estimation pour le serveur tout entier, et la seconde l'applique à une requête seule. Nous verrons dans le chapitre 2.1 (Correction de l'estimation de cardinalité) en page 46 des informations plus détaillées sur cette problématique.

Exemples :

```
ALTER DATABASE SCOPED CONFIGURATION SET
LEGACY_CARDINALITY_ESTIMATION = ON;
ALTER DATABASE SCOPED CONFIGURATION FOR SECONDARY
    SET LEGACY_CARDINALITY_ESTIMATION = PRIMARY;
```

1.4.2.3 PARAMETER_SNIFFING

Le *parameter sniffing*, traduit par Microsoft par « détection de paramètres » est une fonctionnalité d'estimation de la cardinalité pour la compilation de procédures stockées. La valeur par défaut est ON, ce qui correspond au comportement de SQL Server depuis toujours.

Considérons la procédure stockée suivante :

```
USE [PachaDataFormation]
GO

CREATE PROCEDURE Contact.GetContactParNom
```

```
    @nom VARCHAR(50)
AS BEGIN
    SET NOCOUNT ON;

    SELECT c.Nom, COUNT(InscriptionId) as NbInscriptions
    FROM Contact.Contact c
    LEFT JOIN Inscription.Inscription i ON i.ContactId =
c.ContactId
        WHERE c.Nom = @Nom
        GROUP BY c.Nom;
END
```

puis exécutons-la deux fois :

```
EXEC Contact.GetContactParNom @nom = 'Feragotto';
EXEC Contact.GetContactParNom @nom = 'Simon';
```

La première exécution touche à un contact, il n'y a qu'un Feragotto dans la table `Contact.Contact`. La deuxième exécution touche à 118 contacts. Pourtant, si on regarde l'estimation de cardinalité sur le plan de la deuxième exécution, on voit qu'il n'estime pas un nombre correct de lignes :

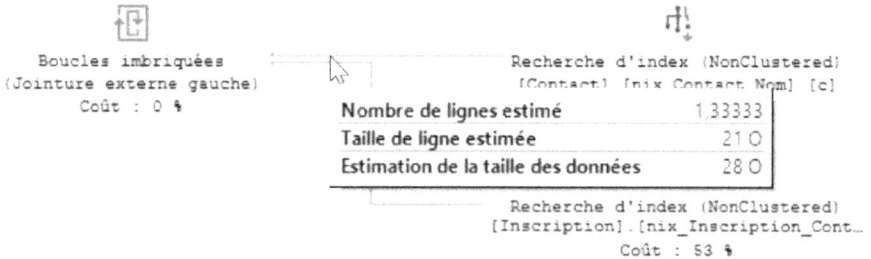

Boucles imbriquées	Recherche d'index (NonClustered)
(Jointure externe gauche)	[Contact].[nix Contact Nom] [c]
Coût : 0 %	

Nombre de lignes estimé	1,33333
Taille de ligne estimée	21 O
Estimation de la taille des données	28 O

Recherche d'index (NonClustered)
[Inscription].[nix_Inscription_Cont...
Coût : 53 %

Simplement parce que l'estimation de cardinalité a été effectuée lors de la compilation de la procédure, au premier appel. L'estimation est effectuée par détection du premier paramètre : le paramètre envoyé à la procédure au premier appel est placé dans la requête, et SQL Server calcule le plan d'exécution à partir de cette valeur. Lorsque les valeurs de paramètres envoyés à la requête varient beaucoup, cela peut poser un problème.

Si c'est le cas, on peut désactiver la détection de paramètre globalement, ou pour une requête dans une procédure.

La désactivation globale au niveau du serveur se fait à l'aide du drapeau de trace 4136.

```
DBCC TRACEON (4136, -1);
```

Pour définir cette option au niveau de la requête, utilisez l'indicateur de requête OPTIMIZE FOR UNKNOWN. À partir de SQL Server 2016 (13.x) SP1, vous pouvez également utiliser l'indicateur de requête USE HINT.

Par exemple :

```
SELECT c.Nom, COUNT(InscriptionId) as NbInscriptions
FROM Contact.Contact c
LEFT JOIN Inscription.Inscription i ON i.ContactId = c.ContactId
WHERE c.Nom = @Nom
GROUP BY c.Nom
OPTION (OPTIMIZE FOR UNKNOWN);

SELECT c.Nom, COUNT(InscriptionId) as NbInscriptions
FROM Contact.Contact c
LEFT JOIN Inscription.Inscription i ON i.ContactId = c.ContactId
WHERE c.Nom = @Nom
GROUP BY c.Nom
OPTION (USE HINT(N'DISABLE_PARAMETER_SNIFFING'));
```

Lorsque le parameter sniffing est désactivé, l'estimation de cardinalité utilise une représentation moyenne des valeurs de la colonne, qu'on appelle le vecteur de densité.

Exemples d'attribution de la valeur de configuration :

```
ALTER DATABASE SCOPED CONFIGURATION SET PARAMETER_SNIFFING = OFF;
ALTER DATABASE SCOPED CONFIGURATION FOR SECONDARY SET
PARAMETER_SNIFFING = PRIMARY;
```

1.4.2.4 QUERY_OPTIMIZER_HOTFIXES

Active ou désactive les correctifs logiciels d'optimisation de requêtes, quel que soit le niveau de compatibilité de la base de données. La valeur par défaut est OFF, laquelle désactive les correctifs logiciels d'optimisation des requêtes qui ont été publiés après l'arrivée du plus haut niveau de compatibilité d'une version donnée (post-RTM). L'utilisation de la valeur ON équivaut à activer l'indicateur de trace 4199.

Exemples :

```
ALTER DATABASE SCOPED CONFIGURATION SET QUERY_OPTIMIZER_HOTFIXES =
ON;
```

1.4.2.5 IDENTITY_CACHE

Cette option est une nouveauté SQL Server 2017 (14.x) et Azure SQL Database.

Pour améliorer les performances d'insertion, un cache de valeurs IDENTITY est maintenu en mémoire. Cela peut provoquer des numérotations non séquentielles, lorsque le service SQL Server redémarre ou que un réplica AlwaysOn bascule. Pour éviter cela, vous pouvez désactiver le cache de valeurs identité pour une base de données.

En règle générale, vous n'avez pas à vous inquiéter d'une numérotation non séquentielle sur un IDENTITY. Cela n'a pas d'importance, il s'agit de numéros techniques, on ne leur attribue aucun sens.

Exemple d'utilisation de la commande :

```
ALTER DATABASE SCOPED CONFIGURATION SET IDENTITY_CACHE = OFF;
```

Démonstration

Pour démontrer le problème, je crée une table de test et je l'alimente :

```
USE PachadataFormation;
GO

CREATE TABLE dbo.Identite
(
```

```
        IdentiteId INT IDENTITY(1,1) PRIMARY KEY,
        Quand DATETIME2 DEFAULT (SYSDATETIME())
);
GO

INSERT INTO dbo.Identite DEFAULT VALUES;
GO 5
```

Si j'inspecte le contenu de la table, je vois ceci :

```
SELECT * FROM dbo.Identite;
```

	IdentiteId	Quand
1	1	2019-01-29 10:59:44.7627736
2	2	2019-01-29 10:59:44.7727828
3	3	2019-01-29 10:59:44.7777718
4	4	2019-01-29 10:59:44.7777718
5	5	2019-01-29 10:59:44.7827718

Maintenant, j'insère cinq nouvelles lignes dans une transaction que je ne ferme pas :

```
BEGIN TRAN

INSERT INTO dbo.Identite DEFAULT VALUES;
GO 5
```

Dans une autre session, j'arrête brusquement le serveur :

```
SHUTDOWN WITH NOWAIT;
```

Ensuite, je redémarre le serveur, et j'insère une nouvelle ligne :

```
INSERT INTO dbo.Identite DEFAULT VALUES;
```

Voyons maintenant ce que contient la table.

```
SELECT * FROM dbo.Identite;
```

	IdentiteId	Quand
1	1	2019-01-29 10:59:44.7627736
2	2	2019-01-29 10:59:44.7727828
3	3	2019-01-29 10:59:44.7777718
4	4	2019-01-29 10:59:44.7777718
5	5	2019-01-29 10:59:44.7827718
6	1002	2019-01-29 11:17:49.7898968

Ce résultat illustre le fait que SQL Server a conservé un cache important de valeurs IDENTITY.

1.4.2.6 DISABLE_INTERLEAVED_EXECUTION_TVF

Cette option est une nouveauté SQL Server 2017 (14.x). Elle permet d'activer ou de désactiver l'exécution entrelacée pour les fonctions table à instructions multiples, tout en maintenant le niveau de compatibilité de base de données 140. Le traitement adaptatif est disponible uniquement lorsque la base de données est en niveau de compatibilité 140 ou supérieur. L'exécution entrelacée est une fonctionnalité qui fait partie du traitement adaptatif des requêtes. La section 2.3 traite du traitement adaptatif des requêtes, en page 58.

Exemple :

```
ALTER DATABASE SCOPED CONFIGURATION SET
DISABLE_INTERLEAVED_EXECUTION_TVF = ON;
```

1.4.2.7 DISABLE_BATCH_MODE_ADAPTIVE_JOINS

Cette option est une nouveauté SQL Server 2017 (14.x), qui permet d'activer ou de désactiver les jointures adaptatives tout en maintenant le niveau de compatibilité de base de données 140 et au-delà. La jointure adaptative n'est disponible uniquement lorsque la base de données est en niveau de compatibilité 140 ou supérieur. La jointure adaptative est une fonctionnalité qui fait partie du traitement adaptatif des requêtes (voir section 2.3, page 58).

Exemple :

```
ALTER DATABASE SCOPED CONFIGURATION SET
DISABLE_BATCH_MODE_ADAPTIVE_JOINS = OFF;
```

1.4.2.8 ROW_MODE_MEMORY_GRANT_FEEDBACK

> (i) Cette option est une nouveauté de la version préliminaire de SQL Server 2019.

Active ou désactive le feedback d'allocation de mémoire en mode row dans la base de données tout en maintenant le niveau de compatibilité de la base de données à 150 (SQL Server 2019) et au-delà. Le feedback d'allocation de mémoire en mode row est une fonctionnalité activée seulement en niveau de comptabilité 150. Le sujet est couvert dans la section 2.3.3, (Retour d'allocation de mémoire en mode batch), en page 65.

1.4.3. Métadonnées

La vue système `sys.database_scoped_configurations` fournit des informations sur les configurations étendues à une base de données.

```
SELECT * FROM sys.database_scoped_configurations;
```

Exemple de résultat :

configuration_id	name	value	value_for_secondary	is_value_default
1	MAXDOP	0	NULL	1
2	LEGACY_CARDINALITY_ESTIMATION	0	NULL	1
3	PARAMETER_SNIFFING	1	NULL	1
4	QUERY_OPTIMIZER_HOTFIXES	0	NULL	1
6	IDENTITY_CACHE	1	NULL	1

1.5. Smart Backup

1.5.1. Sauvegardes différentielles

Une sauvegarde différentielle contient toutes les extensions (une collection de huit pages) qui ont été modifiées depuis la dernière sauvegarde complète.

Elle se base sur des pages de différences, qui sont nommées des DCM, ou *Differential Changed Map*. Ce sont des pages de bitmap qui contiennent un bit pour chaque extension dans un intervalle GAM (*Global Allocation Map*[2]). Il y a environ une page DCM par 64 000 extensions, précisément 511 232 pages. Le bit a la valeur 1 pour chaque extension modifiée depuis la dernière sauvegarde complète.

On peut visualiser, par curiosité, la première page de DCM à l'aide de la commande DBCC PAGE, non documentée. Il s'agit toujours de la page numéro 6 du fichier de données. SQL Server 2019 introduit une fonction qui la replacera (voir sys.dm_db_page_info (SQL Server 2019) en page 42).

```
DBCC TRACEON (3604);
DBCC PAGE ('PachadataFormation', 1, 6, 3) WITH TABLERESULTS;
```

Ce qui donne les résultats suivants, filtrés:

ParentObject	Object	Field	VALUE
BUFFER:	BUF @0x0000015604DD1740	bpageno	(1:6)
BUFFER:	BUF @0x0000015604DD1740	bdbid	5
PAGE HEADER:	Page @0x00000155EBD0A000	m_type	16
PAGE HEADER:	Page @0x00000155EBD0A000	m_lsn	(876:73608:28)

---

2   Voir la documentation sur le stockage, https://docs.microsoft.com/fr-fr/sql/relational-databases/pages-and-extents-architecture-guide

DIFF_MAP: Header @0x0000004731FFA064 Slot 0, Offset 96	DIFF_MAP: Extent Alloc Status @0x0000004731FFA0C2	(1:0) - (1:32)	CHANGED
DIFF_MAP: Header @0x0000004731FFA064 Slot 0, Offset 96	DIFF_MAP: Extent Alloc Status @0x0000004731FFA0C2	(1:40) -	NOT CHANGED
DIFF_MAP: Header @0x0000004731FFA064 Slot 0, Offset 96	DIFF_MAP: Extent Alloc Status @0x0000004731FFA0C2	(1:48) - (1:56)	CHANGED

Les sauvegardes différentielles fonctionnent à partir d'un LSN (*Log Sequence Number*[3]), qui sera la base de l'historique des différentielles, et qui sera mis à jour à chaque sauvegarde complète. On peut retrouver cette information pour la base courante de la façon suivante :

```
SELECT
    d.name as [Base],
    mf.name as [Fichier],
    mf.differential_base_lsn,
    mf.differential_base_guid,
    mf.differential_base_time
FROM sys.master_files mf
JOIN sys.databases d on mf.database_id = d.database_id
WHERE mf.database_id = DB_ID() -- la base courante
AND mf.type_desc <> N'LOG' -- pas le fichier de journal
```

1.5.2. sys.dm_db_file_space_usage

Depuis SQL Server 2017, la vue de gestion dynamique
`sys.dm_db_file_space_usage` comporte une nouvelle colonne qui indique le nombre d'extensions modifiées depuis la dernière sauvegarde complète,
`modified_extent_page_count`.

```
SELECT
```

---

3   https://docs.microsoft.com/fr-fr/sql/relational-databases/backup-restore/recover-to-a-log-sequence-number-sql-server

```
file_id,total_page_count,
modified_extent_page_count,
(100 * modified_extent_page_count)/total_page_count AS
[Pourcentage]
FROM sys.dm_db_file_space_usage;
```

Vous pouvez donc utiliser cette information dans un script pour choisir une sauvegarde différentielle ou une sauvegarde complète, selon le pourcentage de modifications depuis la dernière sauvegarde complète.

1.5.3.   Sauvegardes de journal de transactions

Depuis SQL Server 2016 sp2, la fonction de gestion dynamique sys.dm_db_log_stats() renseigne sur le journal de transactions. Voici un exemple d'appel et de résultat pour la base de données courante.

```
SELECT
        recovery_model,
        current_vlf_sequence_number,
        current_vlf_size_mb,
        total_vlf_count,
        total_log_size_mb,
        active_vlf_count,
        active_log_size_mb,
        log_truncation_holdup_reason,
        log_backup_time,
        log_since_last_log_backup_mb,
        log_since_last_checkpoint_mb,
        log_recovery_size_mb,
        recovery_vlf_count
FROM sys.dm_db_log_stats(DB_ID());
```

En retirant les différents LSN présents du résultat.

Voici les colonnes retournées.

Nom de colonne	Type de données	Description

recovery_model	nvarchar(60)	Mode de récupération de la base de données. Les valeurs possibles sont : • SIMPLE • BULK_LOGGED • FULL
current_vlf_sequence_nu mber	bigint	l'identifiant du VLF actif.
current_vlf_size_mb	float	La taille du VLF actuel en Mo.
total_vlf_count	bigint	Nombre total de VLF dans le journal des transactions.
total_log_size_mb	float	Taille de journal des transactions en Mo.
active_vlf_count	bigint	Nombre total de VLF actifs dans le journal des transactions.
active_log_size_mb	float	Taille du total de VLF actifs, en Mo.
log_truncation_holdup_re ason	nvarchar(60)	Raison de retard de troncation de journal. La valeur est identique à la colonne log_reuse_wait_desc dans sys.databases. (Pour plus d'explications de ces valeurs, reportez-vous au tableau suivant).
log_backup_time	datetime	Date de dernière sauvegarde de journal.
log_since_last_log_backup _mb	float	Taille du journal en Mo depuis la dernière sauvegarde du journal des transactions.
log_since_last_checkpoint _mb	float	Taille du journal en Mo depuis le dernier point de contrôle.
log_recovery_size_mb	float	Taille du journal en Mo depuis la récupération du journal.
recovery_vlf_count	bigint	Nombre total VLF à restaurer, s'il y avait un redémarrage du serveur ou un basculement.

Les valeurs possibles sont :

log_truncation_ holdup_reason	description
NOTHING	Sans commentaire
CHECKPOINT	En attente d'un point de contrôle. Vous pouvez créer manuellement un point de contrôle à l'aide de la commande CHECKPOINT, ou attendre le prochain point de contrôle manuel. Vous pouvez utiliser l'option Indirect Checkpoint de la base de données pour déclencher des points de contrôle plus fréquemment.
LOG_BACKUP	Le mode de récupération est FULL, et il n'y a pas eu récemment de sauvegarde de journal de transactions.
ACTIVE_BACKUP_ OR_RESTORE	Une sauvegarde est en cours. Il faut attendre la fin de la sauvegarde pour y ajouter la portion active du journal de transactions.
ACTIVE_ TRANSACTION	Une transaction est active et non terminée. Utilisez DBCC OPENTRAN pour obtenir des informations sur cette transaction.
DATABASE_ MIRRORING	La base fait partie d'un miroir et le secondaire est ou a basculé en asynchrone, et n'est pas en synchronisation. Le journal de transactions doit conserver les informations de transactions pour les envoyer au secondaire lorsque celui sera de nouveau disponible.
REPLICATION	La réplication transactionnelle est activée sur la base de données, et la base de données est éditrice. Les données ne peuvent pas être distribuées, par exemple parce que le distributeur est inaccessible, et le journal de transaction doit conserver les informations jusqu'à ce que l'envoi soit de nouveau disponible. CDC (*Change Data Capture*) utilise la réplication. Cela peut donc provenir aussi de CDC.
DATABASE_ SNAPSHOT _CREATION	Un instantané de base de données est en création, soit parce qu'un instantané est créé manuellement, soit parce qu'on lance une commande DBCC CHECKDB qui crée un instantané interne.

	Le journal de transactions est utilisé à la fin de la création de l'instantané pour appliquer à l'instantané les modifications effectuées depuis le début de la création de celui-ci. La création d'un instantané est très rapide, ce type d'attente devrait être très rare.
LOG_SCAN	Une opération de scan du journal est en cours. En général c'est une opération courte.
AVAILABILITY_REPLICA	Dans un groupe de disponibilité AlwaysOn, un réplica secondaire n'est pas encore synchronisé, le journal doit maintenir les informations de transaction.
OLDEST_PAGE	Si la base de données est configurée pour utiliser un point de contrôle indirect, la page la plus ancienne dans la base de données peut être plus ancienne que le log sequence number (LSN) du point de contrôle. Dans ce cas, la page la plus ancienne peut retarder la troncation du journal.
XTP_CHECKPOINT	Un point de contrôle pour les tables en mémoire avec persistance des données est en attente.

Si vous exécutez la vue sur un réplica secondaire d'une base de données dans un groupe de disponibilité AlwaysOn, elle ne retournera que les colonnes `database_id`, `recovery_model`, et `log_backup_time`.

Cette fonction exige le privilège `VIEW DATABASE STATE` dans la base de données.

1.5.3.1 Exemples

Chercher les journaux de transaction qui ont plus de 300 VLF (*Virtual Log Files*[4]).

```
SELECT
      name AS BaseDeDonnes,
      total_vlf_count AS NombreDeVLF
FROM sys.databases AS s
CROSS APPLY sys.dm_db_log_stats(s.database_id)
WHERE total_vlf_count > 300;
```

---

4   https://docs.microsoft.com/fr-fr/sql/relational-databases/sql-server-transaction-log-architecture-and-management-guide

Pour connaître les bases de données pour lesquelles la dernière sauvegarde de journal de transaction date de plus de six heures, vous pouvez exécuter la requête suivante.

```
SELECT
        name AS BaseDeDonnees,
        log_backup_time AS DerniereSauvegarde,
        DATEDIFF(HOUR, log_backup_time, CURRENT_TIMESTAMP) AS
                HeuresDepuisLaDerniereSauvegarde,
        log_since_last_log_backup_mb AS TailleDelogASauvegarderMO
FROM sys.databases AS s
CROSS APPLY sys.dm_db_log_stats(s.database_id)
WHERE DATEDIFF(HOUR, log_backup_time, CURRENT_TIMESTAMP) > 6
AND log_backup_time > '1900-01-01';
```

1.5.4.   Scripts de sauvegarde

Le script très utilisé d'Ola Hallengren (https://ola.hallengren.com/sql-server-backup.html) a été modifié le 29 décembre 2018[5] pour prendre en charge le smart backup.

Les options ajoutées sont :

- **ModificationLevel** – spécifie un pourcentage de modification au-delà duquel une sauvegarde différentielle sera convertie en sauvegarde complète. Ne fonctionne que si cette option est activée : @ChangeBackupType = 'Y'.

- **LogSizeSinceLastLogBackup** – spécifie une taille minimum en Mo pour la quantité de journal générée depuis la dernière sauvegarde de journal. Il faut aussi utiliser l'option @TimeSinceLastLogBackup.

- **TimeSinceLastLogBackup** – spécifie une durée minimum en secondes depuis la dernière sauvegarde de journal. Il faut aussi utiliser l'option @LogSizeSinceLastLogBackup.

---

5   https://ola.hallengren.com/versions.html

1.6.   SELECT INTO

La commande SELECT INTO ajoute une option très simple, qui permet de cibler un groupe de fichiers différent du groupe de fichiers par défaut.

```
[ INTO new_table ]
[ ON filegroup ]
```

Voici un exemple.

```
ALTER DATABASE [PachadataFormation] ADD FILEGROUP FG2;
ALTER DATABASE [PachadataFormation]
ADD FILE
(
NAME='FG2_Data',
FILENAME = '/var/opt/mssql/data/PachadataFormation_Data2.ndf'
)
TO FILEGROUP FG2;
GO
SELECT * INTO Contact.Contact2 ON FG2 FROM Contact.Contact;
```

1.7.   Nouvelles vues de gestion dynamique

1.7.1.   sys.dm_db_log_stats

sys.dm_db_log_stats expose des informations sur les fichiers journaux des transactions, cela permet de remplacer des commandes DBCC devenues obsolètes. L'utilisation de la vue est détaillée dans la section 1.5.3, (Sauvegardes de journal de transactions) en page 34.

1.7.2.   sys.dm_tran_version_store_space_usage

sys.dm_tran_version_store_space_usage permet de suivre l'occupation du dépôt de version dans tempdb.

Le dépôt de version (*version store*) est utilisé notamment par le niveau d'isolation snapshot, le mode *Read Committed Snapshot* (RCSI pour *Read Committed Snapshot Isolation*) et la reconstruction d'index en ligne (*online rebuild*).

Le dépôt de version stocke les enregistrements dans des pages de 8 ko, comme toute information dans un fichier de données. Les versions sont stockées en binaire, pour éviter les problèmes de collation.

```
SELECT
  DB_NAME(database_id) as Base,
  reserved_page_count,
  reserved_space_kb
FROM sys.dm_tran_version_store_space_usage;
```

Les colonnes retournées sont :

Nom de colonne	Type de données	Description
database_id	Int	ID de la base de données.
reserved_page_cou nt	bigint	Nombre total de pages réservées dans tempdb pour le dépôt de versions.
reserved_space_kb	bigint	Espace total utilisé (en Ko) dans tempdb pour le dépôt de versions.

1.7.3. sys.dm_db_log_info

`sys.dm_db_log_info` expose les informations des VLF du journal de transactions, comme le réalise la commande `DBCC LOGINFO`. Cette vue remplace donc la commande DBCC.

1.7.4. sys.dm_db_stats_histogram

`sys.dm_db_stats_histogram` est une nouvelle fonction de gestion dynamique pour l'examen des statistiques. Elle affiche l'histogramme de distribution des valeurs sur une statistique. Elle remplace donc la commande `DBCC SHOW_STATISTICS`.

Elle est disponible à partir de SQL Server 2016 (13.x) SP1 CU2.

Elle nécessite deux paramètres :

```
sys.dm_db_stats_histogram (object_id, stats_id);
```

Pour analyser les statistiques de l'index `nix_Contact_Nom` sur la table `Contact.Contact`, il faut chercher en premier lieu les valeurs d'identifiants à passer en paramètre :

```
SELECT st.object_id, st.name, st.stats_id
FROM sys.stats st
WHERE st.object_id = OBJECT_ID('Contact.Contact')
AND st.auto_created = 0
AND st.is_temporary = 0
AND st.name = N'nix_Contact_Nom';
```

Le résultat est le suivant :

object_id	name	stats_id
600 389 208	nix_Contact_Nom	6

Le numéro d'objet peut être ensuite utilisé pour afficher l'histogramme.

```
SELECT equal_rows
FROM sys.dm_db_stats_histogram(600389208, 6);
```

Je peux ensuite filtrer avec une clause WHERE. Par exemple, si je veux savoir quelle sera l'estimation de cardinalité pour le nom « Marchand » :

```
SELECT equal_rows
FROM sys.dm_db_stats_histogram(600389208, 6)
WHERE range_high_key = N'Marchand';
```

1.7.5. sys.dm_os_host_info

sys.dm_os_host_info fournit des informations sur les systèmes d'exploitation Windows et Linux.

1.7.6. sys.dm_db_page_info (SQL Server 2019)

Cette nouvelle vue remplace la commande DBCC non documentée DBCC PAGE. Voir la documentation :

https://docs.microsoft.com/fr-fr/sql/relational-databases/system-dynamic-management-views/sys-dm-db-page-info-transact-sql.

Et cette entrée de blog: https://blog.dbi-services.com/sql-server-2019-ctp-2-1-a-replacement-of-dbcc-page-command/.

1.8. Analyser le journal de transactions

La fonction de gestion dynamique `sys.dm_db_log_info()` retourne les
informations de VLF (*Virtual Log Files*) pour une base de données. Elle remplace la
commande `DBCC LOGINFO`.

Cette nouvelle fonction demande en paramètre l'identifiant d'une base de données
(`database_id`). `NULL` peut être spécifié pour la base de données courante.

```
SELECT *
FROM sys.dm_db_log_info ( DB_ID() );
```

Table retournée :

Nom de colonne	Type de données	Description
database_id	Int	ID de la base de données.
file_id	smallint	Id de fichier du journal des transactions.
vlf_begin_offset	bigint	Offset de l'emplacement du VLF depuis le début du journal.
vlf_size_mb	float	La taille du VLF en Mo, arrondi à 2 décimales.
vlf_sequence _number	bigint	Le numéro de séquence du VLF, dans l'ordre de création. Identifiant unique dans le journal.
vlf_active	bit	Indique si le VLF est en cours d'utilisation, ou actif (portion active du journal).
vlf_status	Int	État du VLF. Les valeurs possibles sont : • 0 – inactif • 1 – initialisé mais non utilisé • 2 – actif
vlf_parity	tinyint	Parité du VLF. Utilisé en interne pour déterminer la fin du VLF.
vlf_first_lsn	nvarchar(48)	Log Sequence Number (LSN) du premier

		enregistrement dans le VLF.
vlf_create_lsn	nvarchar(48)	Log Sequence Number (LSN) de l'enregistrement du journal qui a créé le VLF.
vlf_encryptor_ thumbprint	varbinary(20)	Version préliminaire de SQL Server 2019. Affiche l'empreinte numérique si le journal virtuel est chiffré à l'aide de Transparent Data Encryption (TDE), sinon NULL.

Chapitre 2.   Nouveautés pour les performances

2.1.   Correction de l'estimation de cardinalité

À partir de SQL Server 2016, l'option de requête USE HINT permet de définir des options qui étaient auparavant représentées par des drapeaux de trace, et activées avec le mot-clé QUERYTRACEON.

La première option disponible était l'activation de l'ancien moteur d'estimation de cardinalité.

Selon l'article de support suivant, https://support.microsoft.com/fr-fr/help/3 189 813/ update-introduces-use-hint-query-hint-argument-in-sql-server-2016, l'option de requête USE HINT a été fortement enrichie dans les services packs de SQL Server.

2.1.1.   Résumé des options

Voici le tableau des indicateurs disponibles, et les drapeaux de trace qu'ils implémentent.

Option	Drapeau de trace	Description
FORCE_LEGACY_ CARDINALITY_ ESTIMATION	9481	Utilise l'ancien moteur d'estimation de cardinalité.
ENABLE_QUERY_ OPTIMIZER_HOTFIXES	4199	Active les modifications de l'optimiseur de requête publiées dans les Service Packs et les mises à jour cumulatives.
DISABLE_PARAMETER_ SNIFFING	4136	Désactive la détection de paramètre sauf si les options OPTION(RECOMPILE), WITH RECOMPILE ou OPTIMISE FOR sont déclarées dans une procédure.
ASSUME_MIN_ SELECTIVITY _FOR_FILTER_ ESTIMATES	4137	Utilise une sélectivité minimale lors de l'évaluation des prédicats AND des filtres pour prendre en compte la corrélation, lorsqu'on utilise l'ancien moteur d'estimation de cardinalité.

DISABLE_OPTIMIZER_ROWGOAL	4138	Force SQL Server à générer un plan qui n'utilise pas l'objectif de ligne, ou le ROW GOAL, pour les requêtes qui contiennent TOP, OPTION (FAST N), IN ou EXISTS.
ENABLE_HIST_AMENDMENT_FOR_ASC_KEYS	4139	Active des statistiques rapides générées automatiquement (modification de l'histogramme), quel que soit l'état de la colonne de clés. Si cette option est utilisée, quel que soit l'état de la colonne de statistiques principales (ordre croissant, ordre décroissant ou stationnaire), l'histogramme utilisé pour estimer la cardinalité est ajusté au moment de la compilation de la requête.
ASSUME_JOIN_PREDICATE_DEPENDS_ON_FILTERS	9476	Force SQL Server à générer un plan à l'aide de l'hypothèse d'imbrication simple au lieu de l'hypothèse d'imbrication de base par défaut, dans le modèle d'estimation de la cardinalité de l'optimiseur de requête dans les versions SQL Server 2014 à SQL Server 2016.
DISABLE_OPTIMIZED_NESTED_LOOP	2340	Force SQL Server à ne pas utiliser une opération de tri (tri par lot) pour les jointures optimisées des boucles imbriquées lors de la génération d'un plan.
FORCE_DEFAULT_CARDINALITY_ESTIMATION		Force l'optimiseur de requête à utiliser le modèle d'Estimation de cardinalité correspondant pour le niveau de compatibilité de base de données en cours. Utilisez cette option pour remplacer la base de données de portée de paramètre de Configuration LEGACY_CARDINALITY_ESTIMATION = ON ou le drapeau de trace 9481.

2.1.2. Utilisation de la commande

```
SELECT *
FROM Contact.Contact
WHERE Nom = 'Simon' AND Prenom = 'Anne'
OPTION (RECOMPILE, USE HINT
('ASSUME_MIN_SELECTIVITY_FOR_FILTER_ESTIMATES',
'DISABLE_PARAMETER_SNIFFING'));
```

2.1.3. Options disponibles

La vue `sys.dm_exec_valid_use_hints` liste les options disponibles dans la version actuelle.

2.1.3.1 ASSUME_JOIN_PREDICATE_DEPENDS_ON_FILTERS

Le nouveau moteur d'estimation de cardinalité à partir de SQL Server 2014 modifie des hypothèses d'estimation de cardinalité pour les jointures.

Le modèle d'hypothèse historique s'appelle « simple containment ». Ce modèle d'hypothèse suppose que les utilisateurs interrogent toujours des données existantes. Dans le cas d'une jointure, le moteur d'estimation suppose que des lignes sont en correspondance des deux côtés de la jointure. Si des filtres supplémentaires apparaissent dans la clause WHERE, le moteur d'estimation calcule une corrélation entre le prédicat de jointure et les filtres.

Le nouveau moteur d'estimation de cardinalité utilise un modèle appelé « base containment », qui fait l'hypothèse que les données pourraient ne pas être en correspondance. Si des prédicats de filtre dans la clause WHERE s'appliquent à des tables séparées, qui apparaissent donc dans la jointure, le moteur ne suppose pas de corrélation entre les deux. L'approche devient donc probabiliste.

Il se trouve que dans certaines situations, l'ancienne hypothèse est plus efficace que la nouvelle. Vous pouvez essayer d'activer cette option dans une requête pénalisante, lorsqu'il y a des jointures et des filtres dans la clause WHERE concernant plusieurs tables.

Cette option correspond au drapeau de trace 9476.

2.1.3.2 ASSUME_MIN_SELECTIVITY_FOR_FILTER_ESTIMATES

SQL Server sait calculer finement la cardinalité sur un filtre qui contient un seul prédicat. Prenons la requête suivante :

```
SELECT COUNT(*)
FROM Contact.Contact c
WHERE Nom = 'Simon';
```

Nous cherchons le nom, pour connaître la cardinalité du résultat à l'avance, il suffit de regarder dans les statistiques de l'index sur la colonne Nom, et de consulter l'histogramme. Ici, on estime qu'il y aura 118 lignes. Et c'est le cas.

Recherche d'index (NonClustered) [Contact].[nix Contact Nom] [c]	
Nombre réel de lignes	118
Nombre de lignes lues	118
Nombre de lignes estimé	118
Taille de ligne estimée	9 0
Estimation de la taille des données	1062 0

Mais qu'en est-il de la requête suivante ?

```
SELECT COUNT(*)
FROM Contact.Contact c
WHERE Nom = 'Simon' AND Prenom = 'Céleste';
```

Ici, nous avons deux prédicats. Comment calculer la conjonction des deux cardinalités ? Le moteur d'estimation ne sait pas le faire finement. Pour cela, il faudrait maintenir des statistiques corrélées entre toutes les possibilités. C'est impossible.
Le moteur d'estimation de cardinalité va donc se baser sur une estimation, une heuristique, une supposition.

> (i) On va parler ici de **sélectivité**. La sélectivité, c'est un nombre entre zéro et un, qui représente la fraction des lignes de la table pour laquelle le prédicat est vrai. Par exemple, si un prédicat filtre 50 lignes sur 100, la sélectivité sera de 0,5.

Dans le cas d'une conjonction avec l'opérateur AND, la méthode classique de l'estimateur de cardinalité avant SQL Server 2014 est de multiplier les sélectivités de chaque prédicat. Dans notre cas, voyons les sélectivités individuelles de chaque prédicat :

```
SELECT COUNT(*)
FROM Contact.Contact c
WHERE Nom = 'Simon';

SELECT COUNT(*)
FROM Contact.Contact c
WHERE Prenom = 'Céleste';

SELECT COUNT(*)
FROM Contact.Contact c;
```

Ce qui donne 118, 116 et 20 083.

Donc :

- 118 / 20 083 = 0,0058756
- 116 / 20 083 = 0,0057760
- 0,0058756 * 0,0057760 = 0,00003 393 746 560
- 0,00003 393 746 560 * 20 083 = 0,68156 612 164 480

L'estimation sera de 0,68.

Dans le nouveau moteur d'estimation de cardinalité, on utilise un algorithme nommé *exponential backoff*, dont voici la formule :

Si on prend la cardinalité de la table (C), et les différentes sélectivités dans l'ordre croissant (de la plus petite à la plus grande) représentées par S_1, S_2 ... S_n, l'estimation utilise cette formule :

```
Estimation = C * S₁ * SQRT(S₂) * SQRT(SQRT(S₃)) *
SQRT(SQRT(SQRT(S₄))) …
```

Donc, dans notre cas, $20\,083 \times 0.0057760 \times SQRT(0.0058756) = 8{,}89164\,026\,620\,807$.

Et effectivement, c'est l'estimation constatée :

```
SELECT COUNT(*)
FROM Contact.Contact c
WHERE Nom = 'Simon' AND Prenom = 'Céleste';
```

Analyse d'index cluster (Clustered) [Contact].[pk Contact] [c]	
Nombre réel de lignes	1
Nombre de lignes lues	20083
Nombre de lignes estimé	8,8917
Taille de ligne estimée	25 O
Estimation de la taille des données	222 O

Dans le cas présent, où il y a en fait qu'une seule ligne de résultat, l'ancienne méthode d'estimation est meilleure que la nouvelle, même si c'est à peu de choses. Et d'ailleurs, si on force l'ancien moteur d'estimation de cardinalité, de la façon suivante :

```
SELECT COUNT(*)
FROM Contact.Contact c
WHERE Nom = 'Simon' AND Prenom = 'Céleste'
OPTION(USE HINT('FORCE_LEGACY_CARDINALITY_ESTIMATION'));
```

on obtient une estimation différente :

```
              Analyse d'index cluster (Clustered)
                 [Contact].[pk Contact] [c]
        Nombre de lignes estimé                    1
        Taille de ligne estimée                 25 O
        Estimation de la taille des données     25 O
```

Par expérience, je remarque de nombreux exemples de cette problématique. Sans doute, d'autres scénarios conviennent mieux au nouveau moteur d'estimation de cardinalité, mais évidemment, puisque cela ne pose pas de problème, je ne les vois pas passer.

Si vous observez ce type de comportement, vous pouvez forcer l'ancien moteur d'estimation de cardinalité, ou utiliser l'option ASSUME_MIN_SELECTIVITY_FOR_FILTER_ESTIMATES dont nous parlons ici, qui permet encore un autre type d'hypothèse. Cette hypothèse suppose une sélectivité minimum. On va donc prendre non pas une corrélation entre les différentes sélectivités, mais seulement la sélectivité du prédicat le plus petit. Par exemple ici :

```
SELECT COUNT(*)
FROM Contact.Contact c
WHERE Nom = 'Simon' AND Prenom = 'Céleste'
OPTION(USE HINT('ASSUME_MIN_SELECTIVITY_FOR_FILTER_ESTIMATES'));
```

```
              Analyse d'index cluster (Clustered)
                 [Contact].[pk Contact] [c]
        Nombre de lignes estimé                  116
        Taille de ligne estimée                 25 O
        Estimation de la taille des données   2900 O
```

Nous revenons à 116, qui est l'estimation de cardinalité pour le prénom, comme nous l'avons vu plus haut, et qui donc est plus petit que l'estimation de cardinalité pour le nom. Évidemment, dans ce cas, cette option nous éloigne beaucoup plus de la réalité que le comportement par défaut. Il est donc à bannir dans cet exemple précis. Mais vous pouvez trouver des exemples ou cette option est bénéfique pour vos requêtes.

Cette option équivaut à utiliser le drapeau de trace 4137 avec l'ancien moteur d'estimation de la cardinalité, ou le drapeau de trace 9471 avec le nouveau moteur d'estimation de la cardinalité.

2.1.3.3 DISABLE_BATCH_MODE_ADAPTIVE_JOINS

Désactive les jointures adaptatives en mode batch. Voir la section 2.3.2, Jointure adaptative en mode batch en page 59.

2.1.3.4 DISABLE_BATCH_MODE_MEMORY_GRANT_FEEDBACK

Désactive les retours d'allocation de mémoire en mode batch. Voir la section 2.3.3, Retour d'allocation de mémoire en mode batch en page 65.

2.1.3.5 DISABLE_INTERLEAVED_EXECUTION_TVF

Désactive l'exécution entrelacée pour les fonctions table à instructions multiples. Voir la section 2.2, Exécution entrelacée dans les TVF en page 56.

2.1.3.6 DISABLE_OPTIMIZED_NESTED_LOOP

Indique à l'optimiseur de ne pas appliquer d'opération de tri sur les jointures de boucles imbriquées. Cela équivaut à utiliser le drapeau de trace 2340.

2.1.3.7 DISABLE_OPTIMIZER_ROWGOAL

Indique à l'optimiseur de ne pas tenir compte du row goal pour son plan d'exécution, sur requêtes contenant les mots clés TOP, OPTION (FAST N), IN ou EXISTS. Cela équivaut à utiliser le drapeau de trace 4138.

2.1.3.8 DISABLE_PARAMETER_SNIFFING

Désactive le parameter sniffing, et calcule donc la cardinalité en utilisant le vecteur de densité.

Cela équivaut à utiliser l'indicateur de trace 4136 ou le paramètre de configuration au niveau base de données PARAMETER_SNIFFING=OFF.

2.1.3.9   ENABLE_HIST_AMENDMENT_FOR_ASC_KEYS

Active la génération de statistiques rapides dans l'histogramme. L'histogramme utilisé pour estimer la cardinalité est ajusté au moment de la compilation des requêtes pour prendre en compte la valeur minimale ou maximale réelle de chaque colonne. Utile pour les valeurs incrémentées ou l'horodatage. Cela équivaut à utiliser l'indicateur de trace 4139.

2.1.3.10   ENABLE_QUERY_OPTIMIZER_HOTFIXES

Active les correctifs de l'optimiseur de requête (modifications publiées dans les Service Packs et mises à jour cumulatives SQL Server). Cela équivaut à utiliser le drapeau de trace 4199 ou le paramètre de configuration au niveau base de données `QUERY_OPTIMIZER_HOTFIXES=ON`.

2.1.3.11   FORCE_DEFAULT_CARDINALITY_ESTIMATION

Force l'optimiseur de requête à utiliser le modèle d'estimation de la cardinalité qui correspond au niveau de compatibilité de la base de données. Cela équivaut à utiliser le drapeau de trace 2312 ou le paramètre de configuration au niveau base de données `LEGACY_CARDINALITY_ESTIMATION=OFF`.

2.1.3.12   FORCE_LEGACY_CARDINALITY_ESTIMATION

Force l'optimiseur de requête à utiliser le modèle d'estimation de cardinalité antérieur à SQL Server 2014 (le modèle version 70). Cela équivaut à utiliser le drapeau de trace 9481 ou le paramètre de configuration au niveau base de données `LEGACY_CARDINALITY_ESTIMATION=ON`.

2.1.3.13   QUERY_OPTIMIZER_COMPATIBILITY_LEVEL_n

Disponible à partir du CU 10 de SQL Server 2017.

Force l'optimiseur de requête à se comporter comme dans un niveau de compatibilité défini, seulement pour cette requête. Consultez `sys.dm_exec_valid_use_hints` pour obtenir la liste des valeurs actuellement prises en charge pour n. Cette vue indique toutes les options possibles pour USE HINT dans la version actuelle.

Voir cette entrée de blog de Microsoft :
https://blogs.msdn.microsoft.com/sql_server_team/developers-choice-hinting-query-execution-model/

Information de la mise en production de la fonctionnalité dans le CU 10 :
https://support.microsoft.com/fil-ph/help/4342424/update-to-query-optimizer-compatibility-level-n-in-use-hint-option.

2.1.3.14 QUERY_PLAN_PROFILE

Permet un profilage léger pour la requête. À la fin d'une requête contenant ce nouvel indicateur, un nouvel événement étendu, `query_plan_profile`, est déclenché. Cet événement étendu expose les statistiques d'exécution et le plan d'exécution réel XML semblable à l'événement étendu `query_post_execution_showplan`, mais uniquement pour les requêtes qui contiennent le nouvel indicateur. S'applique à SQL Server 2016 SP2CU3 et SQL Server 2017 CU11.

2.1.3.15 USE PLAN N 'xml_plan'

Force l'optimiseur de requête à utiliser un plan de requête existant pour une requête spécifiée par 'xml_plan'. USE PLAN ne peut pas être spécifié avec des instructions de modification de données.

2.2.   Exécution entrelacée dans les TVF

Les fonctions utilisateurs qui retournent des tables, ou TVF, sont en général utilisé dans des jointures ou des sous requêtes. L'optimiseur SQL Server à la capacité d'entrelacer le plan d'exécution de la TVF à l'intérieur de la requête appelante, afin d'optimiser les performances. Historiquement, c'est possible uniquement pour les TVF simples, et non pas les TVF à instructions multiples.

Estimer une cardinalité pour une fonction table à instructions multiples n'est pas facile. Les TVF ont une estimation de cardinalité fixe égale à 100 à partir de SQL Server 2014, et égal à 1 pour les versions antérieures de SQL Server.

SQL Server 2017 permet d'estimer la cardinalité plus précisément en révisant l'estimation de cardinalité lors de la première exécution de la requête.

Cette fonctionnalité n'est supportée que pour les commandes SELECT, pas pour les modifications de données.

Une fois que le plan calculé est mis en cache, il sera conservé et l'estimation de cardinalité ne se fera pas dynamiquement à chaque exécution.

On peut voir que l'estimation entrelacée a été utilisée dans un plan, en regardant les informations suivantes présentes dans le plan en XML :

Attribut de plan d'exécution	Description
ContainsInterleavedExecutionCandidates	Dans le nœud QueryPlan. Quand la valeur est true, cela signifie que le plan contient des candidats pour l'exécution entrelacée.
IsInterleavedExecuted	Attribut de l'élément RuntimeInformation sous le RelOp pour le nœud TVF. Quand la valeur est true, cela signifie que l'opération a été entrelacée.

Vous pouvez également suivre les occurrences d'exécution entrelacée via les événements xEvent suivants :

Événement xEvent	Description
inaved_exec_status	se déclenche quand l'exécution entrelacée se produit.
interleaved_exec_stats_update	décrit les estimations de cardinalité mises à jour par l'exécution entterlerelacée.
Interleaved_exec_disabled_ reason	se déclenche quand une requête avec un candidat possible pour l'exécution entrelacée n'obtient pas l'exécution entrelacée.

Pour désactiver l'exécution entrelacée, exécutez ceci dans le contexte de la base de données :

```
ALTER DATABASE SCOPED CONFIGURATION SET
DISABLE_INTERLEAVED_EXECUTION_TVF = ON;
```

Vous pouvez aussi désactiver l'exécution entrelacée pour une requête spécifique en désignant DISABLE_INTERLEAVED_EXECUTION_TVF en tant qu'indicateur de requête USE HINT.

Voir la section 2.1.3.5 (DISABLE_INTERLEAVED_EXECUTION_TVF) en page 53.

2.3. Traitement adaptatif des requêtes

Lorsque SQL Server reçoit une requête, il doit calculer une stratégie d'exécution, appelée un plan d'exécution. Cette stratégie est créée par le moteur d'optimisation, à l'aide de règles et de sa connaissance de la structure des objets.

Lorsque le plan d'exécution est calculé, il est placé en cache, et il est exécuté tel quel. Jusqu'à récemment, SQL Server n'avait pas la possibilité de changer sa stratégie au moment de l'exécution du plan. Le plan était figé.

Mais parfois, le plan choisi par l'optimiseur de requête n'est pas optimal, pour diverses raisons. Par exemple, le nombre de lignes estimé (ce qu'on appelle la cardinalité) est incorrect, et on a donc choisi un mauvais plan. Si les estimations de cardinalité sont incorrectes, le plan d'origine est quand même utilisé malgré les mauvaises hypothèses de départ.

Le traitement adaptatif recouvre les trois premières techniques de modification en temps réel des opérateurs d'exécution :

1. jointures adaptatives en mode batch ;

2. retour d'allocation de mémoire en mode batch ;

3. exécution entrelacée pour les fonctions table à instructions multiples.

2.3.1.1 *Activer le traitement adaptatif*

Le traitement adaptatif n'est disponible que si la base de données est au niveau de compatibilité 2017, c'est-à-dire au nombre 140.

Pour vérifier les bases de données :

```
SELECT name, compatibility_level
FROM sys.databases
WHERE database_id > 4
ORDER BY name;
```

Pour modifier le niveau de compatibilité :

```
ALTER DATABASE [PachadataFormation] SET COMPATIBILITY_LEVEL = 140;
```

2.3.2. Jointure adaptative en mode batch

La fonctionnalité de jointure adaptative en mode batch permet de choisir de différer une stratégie de jointure tant que la première entrée n'a pas été analysée. Les deux algorithmes de jointure concernées sont le hachage et la boucle imbriquée.

2.3.2.1 Les algorithmes de jointure

Il y a trois algorithmes de jointure, mais deux algorithmes nous intéressent ici pour la jointure adaptative :

La **boucle imbriquée** (nested loop) est choisie lorsque l'estimation de cardinalité est faible. Par exemple, pour la requête suivante :

```
SELECT c.Nom
FROM Contact.Contact c
JOIN Inscription.Inscription i ON c.ContactId = i.ContactId
WHERE c.Nom = 'Feragotto';
```

Une seule personne s'appelle Feragotto. Pour effectuer la jointure, il suffit donc d'aller faire une seule recherche dans la table de détail, ici la table `Inscription.Inscription`. L'opérateur de jointure est affiché graphiquement comme suit :

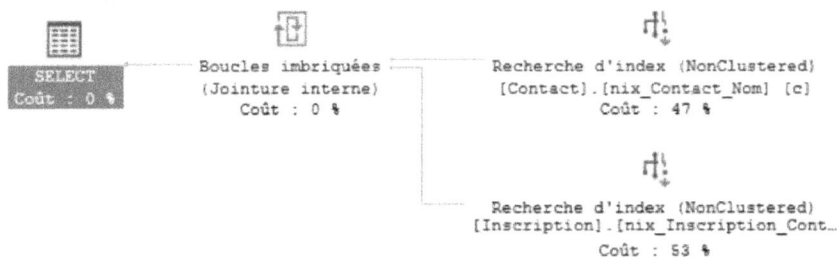

On peut se permettre une boucle. La cardinalité étant faible, il y aura peu d'itérations.

Le deuxième algorithme est une **jointure de hachage** (hash join), qui utilise un algorithme pour créer en mémoire un tableau de hachage, ou associatif, une structure de clés-valeurs qui va permettre ensuite d'effectuer la recherche. Cette stratégie demande la création en mémoire d'une structure de données, et elle est donc coûteuse. Mais dès que la jointure doit manipuler beaucoup de lignes, c'est une solution beaucoup plus efficace que de travailler avec une boucle.

Si je modifie la requête précédente implémentée par une boucle imbriquée, et que j'enlève la clause WHERE, la jointure porte sur l'intégralité des données de la table Contact.Contact. Voici le code de la requête :

```
SELECT c.Nom
FROM Contact.Contact c
JOIN Inscription.Inscription i ON c.ContactId = i.ContactId
ORDER BY c.Nom;
```

L'opérateur de jointure est affiché graphiquement comme ceci :

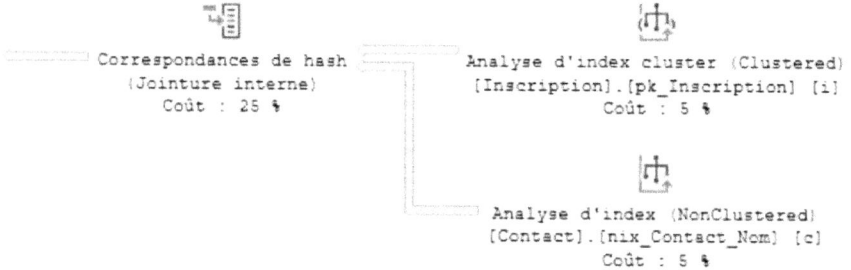

```
         Correspondances de hash          Analyse d'index cluster (Clustered)
            (Jointure interne)            [Inscription].[pk_Inscription] [i]
                Coût : 25 %                        Coût : 5 %


                                          Analyse d'index (NonClustered)
                                          [Contact].[nix_Contact_Nom] [c]
                                                  Coût : 5 %
```

La problématique la plus douloureuse, est lorsque l'estimation de cardinalité est faible et que le moteur d'optimisation choisit à tort une stratégie en boucle imbriquée. Si à l'exécution, il y a beaucoup plus de lignes à traiter que prévu, il y aura beaucoup d'itérations de la boucle et les performances de la requête s'en ressentiront.

2.3.2.2   La jointure adaptative

Le mécanisme de la jointure adaptative est de pouvoir modifier dynamiquement l'algorithme de jointure lorsque l'estimation de cardinalité effectuée au moment de l'optimisation est erronée, et a déclenché un mauvais algorithme.

Le défaut dans la version 2017 de SQL Server est que cette jointure adaptative ne peut être utilisée que si on travaille en **mode batch**.

Le mode batch est un mode de traitement des opérateurs du plan d'exécution qui a été créé pour les index ColumnStore. Il ne peut donc être choisi que si une table comporte un index ColumnStore.

Pour bénéficier de la jointure adaptative, on en est donc réduit à créer un index ColumnStore inutile, juste pour favoriser ce mode de jointure. Voyons un exemple avec notre dernière requête :

```
SELECT c.Nom
FROM Contact.Contact c
JOIN Inscription.Inscription i ON c.ContactId = i.ContactId
ORDER BY c.Nom;
```

Nous avons vu que le plan d'exécution choisit une correspondance de hachage pour la jointure. Si nous créons un index ColumnStore sur la table Contact.Contact, comme ceci :

```
CREATE NONCLUSTERED COLUMNSTORE INDEX natoparama
ON Contact.Contact (Nom, ContactId);
```

voici ce que donne le plan d'exécution estimé de notre requête :

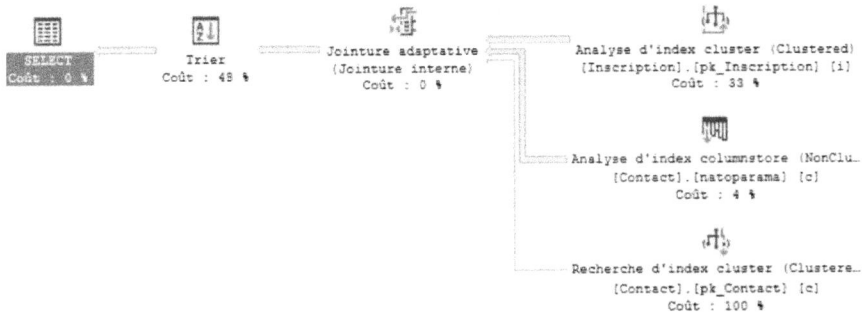

Nous voyons que l'index ColumnStore a été choisi en plus de l'accès à la table, il y a donc trois points d'entrée à droite du plan d'exécution, et ils convergent vers ce nouveau type de jointure, la jointure adaptative, qui est l'opérateur physique de la jointure interne.

Maintenant, à l'exécution de la requête, l'opérateur de jointure adaptative va réagir par rapport à un seuil de nombre de lignes. Au début, une table de hachage est créée. Si le nombre de lignes de la table du haut, ici la table Inscription.Inscription, est suffisamment petite pour qu'il soit intéressant de faire une boucle imbriquée, le moteur d'exécution basculera sur une boucle imbriquée. Cependant, si ce nombre de lignes dépasse un seuil défini, la table de hachage continuera à être créée. Les lignes déjà lues pour la création du tableau de hachage sont utilisées pour la boucle imbriquée. SQL Server n'a pas besoin de les relire.

L'opérateur de jointure adaptative indique quel est le seuil défini pour cette requête. Vous pouvez le voir dans les propriétés de l'opérateur physique et dans le XML du plan d'exécution, comme ceci :

Jointure adaptative	
Choisit dynamiquement entre une jointure hachée et des boucles imbriquées.	
Opération physique	Jointure adaptative
Opération logique	Jointure interne
Type de jointure estimé	HashMatch
Lignes de seuil adaptatif	88.3114
Est adaptatif	True
Mode d'exécution estimé	Batch

```
<RelOp AvgRowSize="36" EstimateCPU="0.00030872" EstimateIO="0"
EstimateRebinds="0" EstimateRewinds="0"
EstimatedExecutionMode="Batch" EstimateRows="15436" LogicalOp="Inner
Join" NodeId="1" Parallel="false" PhysicalOp="Adaptive Join"
IsAdaptive="true" AdaptiveThresholdRows="88.3114"
EstimatedTotalSubtreeCost="0.108798" EstimatedJoinType="Hash Match">
```

Si nous exécutons la requête en demandant l'affichage du plan d'exécution réalisé, voici le résultat :

| te (par rapport | Jointure adaptative | i.(|
| .Contact c JOIN | Choisit dynamiquement entre une jointure hachée et des boucles imbriquées. | |

Opération physique	Jointure adaptative
Opération logique	Jointure interne
Type de jointure réelle	HashMatch
Mode d'exécution réel	Batch
Lignes de seuil adaptatif	88.3114
Est adaptatif	True
Mode d'exécution estimé	Batch
Type de jointure estimé	HashMatch
Nombre réel de lignes	15436

Nous voyons que l'opération physique réelle choisie dynamiquement au moment de l'exécution est bien une jointure de hachage, le nombre réel de lignes est bien au-dessus du seuil de lignes adaptatifs, qui était ici de 88.

2.3.2.3 Quand favoriser une jointure adaptative ?

La jointure adaptative est donc très intéressante lorsque nous avons des jointures qui doivent s'exécuter avec des variations fréquentes de cardinalité. Elles permettent d'améliorer les performances lorsque les tables évoluent beaucoup et les statistiques ne sont pas recalculées suffisamment fréquemment, et dans les plans d'exécution de procédure stockée où le plan est fixé par détection de paramètres avec la cardinalité calculée sur les paramètres du premier appel à la compilation. La jointure adaptative donne une chance à l'exécution de la procédure de choisir un meilleur algorithme de jointure dynamiquement à chaque exécution.

Cependant, les jointures adaptatives demandent plus de mémoire que les jointures de boucles imbriquées voisinent activement, puisque la base de la jointure adaptative et la stratégie du tableau de hachage. Il faut donc réserver de la mémoire de requêtes pour démarrer la création d'un tableau de hachage. C'est le prix à payer pour bénéficier de la souplesse de cette jointure.

2.3.2.4 Désactiver les jointures adaptatives

On peut désactiver les jointures adaptatives sans modifier le niveau de compatibilité.

Pour toute la base de données :

```
ALTER DATABASE SCOPED CONFIGURATION SET
DISABLE_BATCH_MODE_ADAPTIVE_JOINS = ON;
```

Ou pour une requête en particulier :

```
OPTION (USE HINT('DISABLE_BATCH_MODE_ADAPTIVE_JOINS'));
```

Par exemple :

```
SELECT c.Nom
FROM Contact.Contact c
JOIN Inscription.Inscription i ON c.ContactId = i.ContactId
ORDER BY c.Nom
OPTION (USE HINT('DISABLE_BATCH_MODE_ADAPTIVE_JOINS'));
```

Ce qui donne le plan d'exécution suivant :

2.3.2.5 Informations complémentaires

Le Query Store capture les plans de jointure adaptatif et est capable de forcer son application.

pour que la jointure adaptative soit choisie, les règles suivantes doivent être respectées :

- Seule l'instruction SELECT peut en bénéficier. Le mécanisme adaptatif ne s'applique pas encore aux mises à jour.

- La jointure adaptative ne peut s'appliquer qu'à un plan d'exécution qui peut utiliser une boucle imbriquée ou un hachage.

- Un index ColumnStore doit être présent pour déclencher une exécution en mode batch.

2.3.3. Retour d'allocation de mémoire en mode batch

Lorsque le plan d'exécution d'une requête inclut des opérations qui nécessitent d'occuper de la mémoire vive sur le serveur, notamment des opérations de hachage et de tri, le plan d'exécution estime la taille de la mémoire nécessaire. Cette mémoire est appelée mémoire de requête, ou *query memory*.

Lors de l'exécution, le moteur d'exécution demande à SQL Server la quantité de mémoire idéale, et le système lui fournit autant que possible cette mémoire.

Cela peut poser deux types de problèmes : premièrement, si la mémoire réservée n'est pas suffisante, le tri ou l'opération de hachage devra être crachée sur le disque, dans la base de données système tempdb. Ensuite, ce qui est moins grave, si l'estimation a été trop importante, de la mémoire vive est gâchée par la requête, il y a surconsommation, et on pénalise donc les autres requêtes du système.

Jusqu'à aujourd'hui, il n'est pas possible de ré allouer dynamiquement de la mémoire au moment de l'exécution. La mémoire est allouée au début l'exécution de la requête, et cette mémoire est fixe. Depuis plusieurs versions, des avertissements sont disponibles dans le plan d'exécution réalisé, pour indiquer d'abord s'il y a eu un dépassement dans tempdb, ce qu'on appelle un *spill*, ou crachage, et cette information peut être récupérée dans le plan d'exécution estimé, ou à l'aide d'événements dans le profiler ou dans les événements étendus.

Plus récemment, un avertissement a été ajouté dans le plan d'exécution pour informer que la réservation de mémoire de requêtes a été beaucoup plus importante que nécessaire. Un seuil est défini dans le système pour indiquer quel est le pourcentage d'exagération qui déclenche cet avertissement.

La nouveauté en SQL Server 2017 est la capacité pour le plan d'exécution de prendre en compte automatiquement ce retour d'information pour modifier ensuite, à l'exécution suivante, la quantité de mémoire de requêtes nécessaire pour la requête.

Dans le cas d'une allocation de mémoire excessive, si la mémoire allouée est plus de deux fois supérieure à la taille de la mémoire réelle utilisée, le retour d'allocation de mémoire recalcule l'allocation de mémoire et met à jour le plan mis en cache.

Les plans dont les allocations de mémoire de requête sont inférieures à 1 Mo ne sont pas recalculés.

2.3.3.1   Utilisation des évènements étendus

L'événement `spilling_report_to_memory_grant_feedback` permet de suivre les opérations de correction d'allocation de mémoire. Cet événement retourne l'ID de nœud du plan et la taille du dépassement de capacité de ce nœud.

L'événement `memory_grant_updated_by_feedback` effectue le suivi de l'historique du nombre d'exécutions actuel, du nombre de fois que le plan a été mis à jour par le retour d'allocation de mémoire, de l'allocation de mémoire supplémentaire idéale avant modification et l'allocation de mémoire supplémentaire idéale après que le retour d'allocation de mémoire a modifié le plan mis en cache.

2.3.3.2   Scénario de parameter sensitivity

Lorsqu'une requête est paramétrée, dans une procédure stockée ou dans une exécution paramétrée, les valeurs de paramètres envoyés peuvent nécessiter des allocations de mémoire différentes, à cause de cardinalités différentes. Dans les situations où il y a une grande variabilité à chaque appel, au bout d'un moment, le retour d'allocation de mémoire se désactive automatiquement pour éviter de s'adapter en permanence à la hausse et à la baisse. L'événement étendu `memory_grant_feedback_loop_disabled` indique une désactivation de la correction automatique d'allocation de mémoire.

2.3.3.3   Désactiver le feedback d'allocation de mémoire

Le feedback d'allocation de mémoire peut être désactivé pour une base de données ou pour une requête spécifique. Dans la base de données, en restant en niveau de compatibilité 140 et au-delà, avec la commande suivante :

```
ALTER DATABASE SCOPED CONFIGURATION
SET DISABLE_BATCH_MODE_MEMORY_GRANT_FEEDBACK = ON;
```

et par requête à l'aide de l'option suivante :

```
OPTION (USE HINT ('DISABLE_BATCH_MODE_MEMORY_GRANT_FEEDBACK'))
```

Par exemple :

```
SELECT c.Nom
```

```
FROM Contact.Contact c
JOIN Inscription.Inscription i ON c.ContactId = i.ContactId
ORDER BY c.Nom
OPTION (USE HINT ('DISABLE_BATCH_MODE_MEMORY_GRANT_FEEDBACK'));
```

2.3.3.4 Informations supplémentaires

Pour l'instant, les modifications automatiques du plan en cache ne sont pas capturées dans le Query Store.

Une requête marquée pour la recompilation avec OPTION (RECOMPILE) n'est pas mise en cache, elle ne bénéficie donc pas du retour d'allocation de mémoire.

2.3.3.5 Évolutions futures

La rétroaction d'allocation de mémoire en mode ligne est disponible à l'heure actuelle en préversion publique pour Azure SQL Database. On peut sans doute s'attendre à la voir intégrée dans SQL Server 2019. Elle est disponible au niveau de compatibilité à 150. L'événement étendu memory_grant_updated_by_feedback est ajouté.

Deux nouveaux attributs de plan de requête sont ajoutés à l'élément MemoryGrantInfo dans les plans post-exécution : IsMemoryGrantFeedbackAdjusted et LastRequestedMemory.

LastRequestedMemory – mémoire allouée en kilo-octets (Ko) à partir de l'exécution de la requête précédente.

IsMemoryGrantFeedbackAdjusted – indique l'état de la rétroaction d'allocation de mémoire de l'instruction dans le plan post-exécution. Les valeurs de cet attribut sont les suivantes :

Valeur	Description
No: First Execution	Pas d'ajustement, c'est la première exécution, on a juste posé le plan en cache.
No: Accurate Grant	Pas d'ajustement, c'est inutile, car il n'y a pas de dépassement sur le disque et on utilise au moins 50 % de la mémoire allouée.

No : Feedback disabled	L'ajustement est désactivé à cause de la variabilité des paramètres.
Yes : Adjusting	L'ajustement a été appliquée et peut encore être modifié pour l'exécution suivante.
Yes : Stable	L'ajustement a été appliquée et est stable, ce qui a été alloué pour l'exécution précédente est identique à ce qui a été alloué pour l'exécution actuelle.

Pour désactiver cette fonctionnalité :

```
ALTER DATABASE SCOPED CONFIGURATION
SET ROW_MODE_MEMORY_GRANT_FEEDBACK = OFF;
```

ou

```
OPTION (USE HINT ('DISABLE_ROW_MODE_MEMORY_GRANT_FEEDBACK'))
```

2.4. Query Store avec tuning automatique

Le Query Store existe depuis SQL Server 2016. Il permet de suivre l'évolution de l'exécution des requêtes pour repérer les cas de régression et les problèmes de performance. Dans les fonctionnalités sur SQL Server 2016, on peut fixer le plan d'exécution d'une requête pour choisir manuellement le plan d'exécution qui était le plus efficace.

Dans SQL Server 2017, les fonctionnalités suivantes ont été ajoutées :

On peut corriger manuellement un plan, à l'aide de procédures stockées système : sp_query_store_force_plan et sp_query_store_unforce_plan.

```
exec sp_query_store_force_plan @query_id = 1, @plan_id = 1
```

Le Query Store peut indiquer des actions recommandées pour corriger les problèmes. Ces actions recommandées sont disponibles dans une vue de gestion dynamique, sys.dm_db_tuning_recommendations.

```
SELECT
    name,
    desired_state_desc,
    actual_state_desc,
    reason_desc
FROM sys.database_automatic_tuning_options;
```

On peut également demander à la base de données d'appliquer automatiquement l'utilisation du dernier plan qui est offert de bonnes performances en utilisant la commande suivante :

```
ALTER DATABASE PachadataFormation
SET AUTOMATIC_TUNING ( FORCE_LAST_GOOD_PLAN = ON );
```

Et vérifier le statut de l'option ainsi :

```
SELECT
    name,
    actual_state_desc,
```

```
    IIF(desired_state_desc <> actual_state_desc, reason_desc, 'OK')
As Statut
FROM sys.database_automatic_tuning_options
WHERE name = 'FORCE_LAST_GOOD_PLAN';
```

2.5. DBCC CLONEDATABASE

La nouvelle commande DBCC CLONEDABASE génère une copie vide de données d'une base, pour le diagnostic des performances. Cette base de données clonée inclut :

- les statistiques de distribution ;
- le contenu du Query Store.

2.5.1. Syntaxe

```
DBCC CLONEDATABASE
(
    source_database_name
    , target_database_name
    [ WITH { [ NO_STATISTICS ] [ , NO_QUERYSTORE ] [ ,
VERIFY_CLONEDB | SERVICEBROKER ] [ , BACKUP_CLONEDB ] } ]
)
```

2.5.1.1 Options WITH

- NO_STATISTICS – les statistiques de distribution ne sont pas copiées dans le clone ;
- NO_QUERYSTORE – les données du Query Store ne sont pas copiées dans le clone ;
- VERIFY_CLONEDB – le clone est vérifié après création. Cette option est obligatoire si vous voulez utiliser ensuite le clone comme base de données active en production ;
- SERVICEBROKER – les métadonnées du Service Broker sont incluses dans le clone. Incompatible avec l'option VERIFY_CLONEDB ;
- BACKUP_CLONEDB – crée une sauvegarde du clone et vérifie cette sauvegarde.

2.5.1.2 Exemple

```
DBCC CLONEDATABASE (PachadataFormation, PachadataFormation_Clone);
```

L'exécution affiche les résultats suivants dans les messages de SSMS :

```
Database cloning for 'PachaDataFormation' has started with target as
'PachadataFormation_Clone'.
Database cloning for 'PachaDataFormation' has finished. Cloned
database is 'PachadataFormation_Clone'.
Database 'PachadataFormation_Clone' is a cloned database. This
database should be used for diagnostic purposes only and is not
supported for use in a production environment.
DBCC execution completed. If DBCC printed error messages, contact
your system administrator.
```

2.5.2. Actions de la commande

1. Une base de données est créée en utilisant les mêmes propriétés que la base source, mais les tailles de fichier de la base model ;

2. un instantané interne de la base de donnés source est créé ;

3. les métadonnées système sont copiées dans la base de données de destination ;

4. les schémas de tous les objets sont copiées dans la base de données de destination ;

5. les statistiques de tous les index sont copiées dans la base de données de destination.

2.5.3. Informations

•   DBCC CLONEDATABASE ne prend pas en charge les bases de données systèmes.

•   La commande ne peut pas être appelée dans le contexte d'une transaction utilisateur.

- Le nom des fichiers de la base de données clone sera nom_du_fichier_source_souligné_numéro_aléatoire.

- Les options de base de données TRUSTWORTHY et DB_CHAINING sont établies à OFF sur le clone.

- Les objets chiffrés sont copiés mais ne sont pas utilisables sur le clone.

- Les informations d'index en texte intégral sont disponibles depuis SQL Server 2016 (13.x) SP1 CU2.

- Vous devez être membre du rôle de serveur sysadmin pour exécuter la commande DBCC CLONEDATABASE.

- L'exécution de la commande est journalisée dans le journal d'erreur de SQL Server.

2.5.4. Métadonnées

```
DATABASEPROPERTYEX('nom_de_la_base', 'IsClone')
```

retourne 1 si la base a été créée par une commande DBCC CLONEDATABASE.

```
DATABASEPROPERTYEX('nom_de_la_base', 'IsVerifiedClone')
```

retourne 1 si la base a été vérifiée avec succès par WITH VERIFY_CLONEDB.

Chapitre 3. Nouveautés pour le développement

3.1. Nouvelles fonctions

SQL Server 2017 intègre de nouvelles fonctions pour les développeurs Transact-SQL.

3.1.1. TRIM

Les fonctions LTRIM et RTRIM existent depuis très longtemps. Elles permettent de supprimer les caractères spéciaux et les espaces à gauche (LTRIM, L pour *Left*) et à droite (RTRIM, R pour *Right*) d'une chaîne.

Par exemple :

```
SELECT CONCAT('-', ' coucou ', '-');
- coucou -

SELECT CONCAT('-', LTRIM(' coucou '), '-');
-coucou -

SELECT CONCAT('-', RTRIM(' coucou '), '-');
- coucou-
```

En SQL Server 2017, la fonction TRIM() permet – enfin – d'effectuer les deux opérations en une seule commande.

```
SELECT CONCAT('-', TRIM(' coucou '), '-');
-coucou-
```

3.1.2. HASHBYTES

La fonction HASHBYTES(algorithme, expression) calcule une valeur de *hash* pour une chaîne passée en paramètre. Le premier paramètre spécifie l'algorithme de hachage à utiliser : MD2 | MD4 | MD5 | SHA | SHA1 | SHA2_256 | SHA2_512. Le deuxième paramètre est la valeur à hacher, de type varchar, nvarchar ou varbinary. La valeur de retour est un varbinary dont la taille dépend de l'algorithme choisi.

Une fonction de hash transforme une expression en une valeur (entier ou binaire) de longueur fixe. Elle rend principalement trois services :vérification d'intégrité, clé dans un tableau de hachages et cryptographie. La vérification d'intégrité était déjà prise en charge, plus ou moins, par la fonction T-SQL CHECKSUM( ), qui, comme son nom l'indique, produit une somme de contrôle sous forme d'entiers. Elle est cependant peu efficace car elle produit beaucoup de collisions (résultats identiques pour des valeurs différentes).

L'usage cryptographique consiste souvent à stocker la valeur de hachage d'un mot de passe. Le hachage étant une forme de chiffrement non réversible, il est impossible de retrouver le mot de passe originel. On peut simplement utiliser le hachage pour vérifier qu'un mot de passe fourni est identique à celui enregistré, sans le conserver en clair.

Les algorithmes les plus anciens, comme MD 2 (1989), MD 4 (1990), MD 5 (1992) sont devenus faillibles. Les algorithmes plus récents consomment plus de ressources, mais sont plus sûrs. La meilleure solution aujourd'hui est sans doute d'utiliser l'algorithme SHA2, qui est accéléré de façon matérielle par les processeurs INTEL récents[6].

Voici un exemple de l'utilisation de la fonction avec un hachage MD5 :

```
DECLARE @md5 varbinary(16) =
      HASHBYTES('MD5', 'Mieux vaut une conscience tranquille
qu''une destinée prospère');

SELECT @md5, DATALENGTH(@md5);
```

Ce qui retourne : 0xD47C16CEEDFF568F71CD152EAE0DED5C et 16.

Vous trouvez ici https://orderbyselectnull.com/2018/05/31/hashbytes-scalability/ une étude intéressante et poussés des implications de cette fonction en termes de performances. Effectuons un test.

```
SET STATISTICS TIME ON;

SELECT MAX(email)
FROM Contact.ProspectUS;
```

---

6   https://software.intel.com/en-us/articles/intel-sha-extensions

```
SELECT MAX(HASHBYTES('MD5', email))
FROM Contact.ProspectUS;

SELECT MAX(HASHBYTES('SHA2_512', email))
FROM Contact.ProspectUS;
```

Le premier appel, sans utilisation de la fonction, retourne ceci :

```
SQL Server Execution Times:
   CPU time = 125 ms,  elapsed time = 125 ms.
```

Le deuxième appel, qui convoque un hachage en MD5 sur 300 000 lignes, retourne ceci :

```
SQL Server Execution Times:
   CPU time = 1110 ms,  elapsed time = 1182 ms.
```

Le troisième appel utilise un algorithme plus coûteux. Le temps est le suivant.

```
SQL Server Execution Times:
   CPU time = 1484 ms,  elapsed time = 1530 ms.
```

Sur 300 000 lignes, l'impact me semble acceptable. Si on cherche à savoir si la fonction est développée en .NET, on peut utiliser la requête suivante.

```
SELECT st.text, qs.total_worker_time, qs.total_clr_time
FROM sys.dm_exec_query_stats qs
CROSS APPLY sys.dm_exec_sql_text(qs.sql_handle) st
WHERE st.text LIKE '%MAX(HASHBYTES(%'
OPTION (RECOMPILE);
```

La valeur de total_clr_time est à 0, il s'agit donc d'une fonction native.

3.1.3. STRING_AGG

Il y a un besoin régulier en SQL, quel que soit le moteur de bases de données : effectuer des concaténations d'expressions dans une colonne de résultat. Il s'agit bien sûr d'une fonction d'agrégation, comme une somme ou une moyenne. Ici, on transforme une liste de chaînes en une seule chaîne de résultat.

Depuis longtemps, pour effectuer cette action, on utilise une astuce, en profitant de la capacité de SQL Server à générer du XML. Voici un exemple de code.

```
SELECT sl.Titre as Stage, sl.LangueCd As Langue,
    STUFF((SELECT ', ' + FORMAT(s.DateDebut, 'dd/MM/yyyy')
    FROM Stage.Session s WHERE sl.StageId = s.StageId
    AND sl.LangueCd = s.LangueCd
    ORDER BY s.DateDebut
    FOR XML PATH('')), 1, 2, '') as Dates
FROM Stage.StageLangue sl;
```

La requête restitue une liste de valeurs parentes. Ici, le nom des stages existants dans le centre de formation PachaData. Pour chaque stage, je veux obtenir une liste de toutes les dates de session, dans l'ordre chronologique. Cette liste doit apparaître dans une seule colonne, nommée Dates.

Pour ce faire, je définis une sous-requête corrélée dans la partie SELECT. J'y cherche toutes les dates attribuées au stage en cours. Si je m'en tiens là, la requête ne fonctionne pas, car j'obtiens une liste de valeurs, là où, dans le SELECT, je ne dois restituer qu'une seule valeur. J'obtiendrais l'exception suivante.

```
Msg 512, Level 16, State 1, Line 18
La sous-requête a retourné plusieurs valeurs. Cela n'est pas
autorisé quand la sous-requête suit =, !=, <, <= , >, >= ou quand
elle est utilisée en tant qu'expression.
```

Il faut donc que j'agrège le résultat. Et la syntaxe FOR XML PATH('') le fait très simplement en retournant la liste dans une chaîne XML brute, sans élément XML. Le séparateur, la virgule, a été ajouté à chaque valeur, en préfixe. Grâce à la fonction STUFF(), j'enlève la première occurrence de ce séparateur, et voilà.

Voici un extrait du résultat.

Stage	Langue	Dates
Firebird 2.0 Administration	FR	11/01/2011, 13/01/2011, 12/04/2011, 18/04/2011, 14/06/2011, 08/07/2011, 01/09/2011, 14/10/2011, 02/01/2012
Firebird 2.0	FR	02/02/2011, 30/05/2011, 03/08/2011, 24/10/2011,

Avancé		26/06/2012
Firebird 2.0 Découverte	FR	28/09/2011
Firebird 2.0 Développement	FR	25/03/2011, 27/10/2011, 22/02/2012, 17/04/2012
Firebird 2.0 Expertise	FR	31/05/2011, 09/09/2011, 23/01/2012
Firebird 2.0 Mise à niveau	FR	27/12/2011, 18/01/2012, 14/02/2012, 08/03/2012
Firebird 2.0 Optimisation	FR	02/02/2011, 23/02/2011, 08/04/2011, 07/06/2011, 23/06/2011, 21/12/2011, 30/01/2012

Cette astuce fonctionne très bien, et ses performances sont excellentes, grâce à l'excellente implémentation du XML dans SQL Server. Cependant, une fonction d'agrégation native est plus simple à utiliser. C'est ce qui est disponible depuis SQL Server 2017, sous la forme de la fonction STRING_AGG().

Sa syntaxe est la suivante.

```
STRING_AGG ( expression, séparateur )
[ WITHIN GROUP ( ORDER BY <clause> [ ASC | DESC ] ) ]
```

Voici un exemple qui produit le même résultat que l'astuce XML.

```
SELECT MIN(sl.Titre) as Stage, sl.LangueCd,
       STRING_AGG(FORMAT(s.DateDebut, 'dd/MM/yyyy'), ', ')
       WITHIN GROUP (ORDER BY s.DateDebut) as Dates
FROM Stage.StageLangue sl
JOIN Stage.Session s ON sl.StageId = s.StageId
       AND sl.LangueCd = s.LangueCd
GROUP BY sl.StageId, sl.LangueCd;
```

3.1.3.1 Limitations

La génération d'une chaîne XML avec FOR XML PATH suit les limites du type XML, c'est-à-dire 2 Go. En revanche, le type de résultat de la fonction STRING_AGG()

dépend du type du paramètre entrant. Ainsi, l'appel suivant concatène les valeurs d'une colonne de type `varchar`.

```
SELECT STRING_AGG(Nom, ', ')
FROM Contact.Contact;
```

Son exécution produit l'exception suivante.

```
Msg 9829, Level 16, State 0, Line 21
Le résultat de l'agrégation STRING_AGG a dépassé la limite de
8 000 octets. Utilisez les types LOB pour éviter la troncation du
résultat.
```

Pour éviter ce problème, vous devez prendre soin de transtyper l'expression avant de la passer en paramètre. Dans les exemples suivants, le premier appel fonctionne, le second produit la même exception.

```
-- correct
SELECT STRING_AGG(CAST(Nom as VARCHAR(MAX)), ', ')
FROM Contact.Contact;

-- ne fonctionne pas
SELECT CAST(STRING_AGG(Nom, ', ') as VARCHAR(MAX))
FROM Contact.Contact;
```

3.1.4. CONCAT_WS

La fonction `CONCAT()` existe depuis SQL Server 2012. Elle permet de concaténer plusieurs valeurs en gérant élégamment les problèmes de NULL et de typage. Par exemple, la requête suivante, qui utilise une concaténation par l'opérateur +, pose deux problèmes.

```
SELECT FactureCd + ' '
       + CodeRemise
       + ' (' + DateFacture + ')' as InformationsFacture
FROM Inscription.Facture;
```

D'abord, la colonne `CodeRemise` est souvent `NULL`. La concaténation avec un `NULL` produit un résultat `NULL`, si l'option `SET CONCAT_NULL_YIELDS_NULL`[7] est bien à ON, ce qui est et doit rester la valeur par défaut, pour respecter la norme ANSI SQL.

Ensuite, la colonne `DateFacture` est de type `date`. La concaténation n'effectuant pas une conversion implicite, je vais me retrouver avec l'exception suivante.

```
Msg 402, Level 16, State 1, Line 44
Les types de données varchar et date sont incompatibles dans
l'opérateur add.
```

Pour faire fonctionner l'opérateur de concaténation, il faut gérer ces problèmes, par exemple de la manière suivante.

```
SELECT FactureCd + COALESCE(' ' + CodeRemise, '')
       + ' (' + FORMAT(DateFacture, 'dd/MM/yyyy') + ')' as
InformationsFacture
FROM Inscription.Facture;
```

En tenant compte du fait que la fonction `FORMAT()` est implémentée en .NET, et qu'elle est donc coûteuse si votre jeu de résultats est important.

En SQL Server 2012, donc, la fonction `CONCAT()` simplifie la résolution de ces problèmes. Elle prend un nombre indéfini de paramètres, gère les `NULL` comme des chaînes vides, et convertit les types en chaînes. Voici un exemple d'appel.

```
SELECT TOP 10
       CONCAT(Titre, ' ', Prenom, ' ', Nom, ' ', Telephone, ' ',
Email) as Contact
FROM Contact.Contact;
```

Elle est certes pratique, mais on voit qu'une amélioration pourrait être apportée : si on veut séparer les chaînes, on doit mentionner le séparateur entre chaque argument de la fonction. Un argument sur deux est donc un séparateur. Dans l'exemple ci-dessus, une espace[8]. Si on veut appliquer le même séparateur entre chaque chaîne, il serait pratique de ne pouvoir le mentionner qu'une seule fois.

---

7 https://docs.microsoft.com/fr-fr/sql/t-sql/statements/set-concat-null-yields-null-transact-sql

8 Pour information, en typographie, l'espace est un mot de genre féminin.

Charitablement, les développeurs de SQL Server 2017 nous ont simplifié la vie, avec la fonction CONCAT_WS(). WS signifie *With Separator*, Avec Séparateur. En voici un exemple.

```
SELECT TOP 10
        CONCAT_WS(' ', Titre, Prenom, Nom, Telephone, Email) as
Contact
FROM Contact.Contact;
```

Le premier argument de la fonction est donc le séparateur à utiliser. Ensuite, la fonction prend un nombre indéfini de paramètres.

Évidemment, si on souhaite varier les séparateurs, il faut jongler, comme dans l'exemple ci-dessous.

```
SELECT TOP 10
        CONCAT(Titre, ' ', Prenom, ' ', CONCAT_WS(', ', Nom,
Telephone, Email)) as Contact
FROM Contact.Contact;
```

qui retourne ceci.

```
Contact
Mme Jeanne Garcia, 0435935688, j.garcia@100dayloans.com
Mme Léontine Feragotto, 0332725526, l.lefevre@abcmouseacademy.com
M. Auguste Lemoine, 0355146685
M. Virgil Maujean, 0787574207, v.adam@ahswarranty.com
Mme Adèle Sanchez, 0116716637
M. Béranger Michel, 0966411141, b.schmitt@actionloans.com
Mme Isabelle Lacroix, 0254056371, i.lacroix@adapeacock.com
  Philomène Cossey, 0855757828, p.schmitt@adele.com
M. Rubens Francois, 0376012596, r.francois@agathe.com
M. Louis Cluzel, l.dufour@airlinetickets.com
```

3.1.5. TRANSLATE

Si vous avez un peu d'expérience de développement Transact-SQL, je parie que vous connaissez par cœur la fonction REPLACE(). Très souvent, les données de nos tables doivent être nettoyées : caractères spéciaux, changements de noms, erreurs d'orthographe, suppression des accents. T-SQL est très mal armé pour ce type d'opération, Et si nous voulions rester en Transact-SQL, notre seule option était d'imbriquer les REPLACE(). Dans l'exemple suivant, je veux retourner une chaîne de caractères sans accents.

```
SELECT 'un hôtel économique à Paris'
SELECT REPLACE(REPLACE(REPLACE('un hôtel économique à Paris', 'ô',
'o'), 'é', 'e'), 'à', 'a');
```

Donc, de longue date, nous avions des SELECT illisibles.

La fonction TRANSLATE() enrichit REPLACE() en permettant de passer en deuxième et troisième arguments une liste de valeurs à chercher, et une liste de valeurs à remplacer. Le remplacement est positionnel : le premier caractère de l'argument 1 est remplacé par le premier caractère du paramètre 3, comme dans l'exemple ci-dessous, qui effectue la même opération que notre exemple de REPLACE() imbriqués.

```
SELECT TRANSLATE('un hôtel économique à Paris', 'ôéà', 'oea');
```

On ne peut donc définir que des caractères à remplacer, pas des chaînes entières. Évidemment, si le nombre de caractères est différent dans les deux derniers arguments, la fonction renvoie une erreur.

Un autre exemple d'utilisation classique, est la conversion de coordonnées exprimées en GeoJSON vers une notation WKT, comme ceci.

```
SELECT TRANSLATE('[137.4, 72.3]' , '[,]', '( )') AS Point;
SELECT TRANSLATE('(137.4 72.3)' , '( )', '[,]') AS Coordonnees;
```

La documentation indique ceci : « Le comportement de la fonction TRANSLATE est similaire à l'utilisation de plusieurs fonctions REPLACE. TRANSLATE ne remplace cependant pas un caractère plusieurs fois. Ceci diffère de fonctions REPLACE multiples, car chaque utilisation remplace tous les caractères appropriés. »

Si vous comprenez ce que cela signifie, n'hésitez pas à m'envoyer un e-mail ou un message. Si j'essaie ceci :

```
SELECT TRANSLATE('un hôtel économique à Paris, un bel hôtel
évidemment !', 'ôéà', 'oea');
```

J'obtiens bien :

```
un hotel economique a Paris, un bel hotel evidemment !
```

Donc, je ne vois pas le problème.

Chapitre 4.   Support du graphe dans les bases de données

4.1. Comprendre le modèle de données graphe

Un moteur de bases de données comme SQL Server est basé sur le modèle relationnel, un modèle de structuration des données créé dans les années 60 et 70 par un informaticien d'origine britannique nommée Edgar Codd[9]. Le socle théorique du modèle relationnel est basé sur la théorie des ensembles[10], une théorie mathématique créée notamment par le mathématicien Georg Cantor[11].

C'est une façon de modéliser les données à partir de relations entre des entités. Pour nous, au quotidien, cela implique d'effectuer des jointures entre des tables.

D'autres modèles de structuration des données existent. Les bases de données orientées graphe modélisent et travaillent les données selon un autre socle mathématique, qui est la théorie mathématique des graphes[12].

La théorie mathématique des graphes fait partie des mathématiques discrètes, c'est-à-dire qu'elle traite des éléments individuels bien identifiés, comme le fait l'arithmétique, qui traite des nombres. Les mathématiques discrètes s'opposent aux mathématiques continues, qui ne traitent pas d'éléments individuels bien identifiés.

La théorie des graphes fait aussi partie des mathématiques finies, comme la théorie des nombres ou la théorie des prédicats en logique.

Un graphe, en mathématiques, est un ensemble d'objets reliés. Les objets et les liens entre ces objets sont les deux éléments principaux d'un graphe. Le grand avantage de la théorie des graphes et sa capacité à résoudre des problèmes sur un grand nombre de situations : réseaux sociaux, systèmes topologiques, tout type de système comportant objets, acteurs et relations.

L'histoire de la théorie des graphes remonte à un problème mathématique célèbre, un jeu intellectuel, initié par le mathématicien d'origine suisse Léonard Euler[13], en 1736. Il s'agissait d'une énigme appelée « les sept ponts de Königsberg »[14]. Au XVIIIe siècle, la ville de Königsberg en Prusse, qui est aujourd'hui la ville de Kaliningrad en

---

9   https://fr.wikipedia.org/wiki/Edgar_Frank_Codd
10   https://fr.wikipedia.org/wiki/Théorie_des_ensembles
11   https://fr.wikipedia.org/wiki/Georg_Cantor
12   https://fr.wikipedia.org/wiki/Théorie_des_graphes
13   https://fr.wikipedia.org/wiki/Leonhard_Euler
14   https://fr.wikipedia.org/wiki/Problème_des_sept_ponts_de_Königsberg

Russie, était traversée par une rivière nommée Pregel. Les affluents de cette rivière créaient de grandes îles au milieu de la ville. Pour relier les différentes parties de la ville, c'est-à-dire la rive gauche, la rive droite, et les deux îles, donc quatre zones, sept ponts avaient été construits. Le problème mathématique était de dessiner un chemin à travers la ville qui permettrait de passer sur chacun des ponts une fois, et une fois seulement. La règle du jeu était que chaque pont devait être complètement traversé (on ne pouvait pas s'avancer sur le pont et faire demi-tour), et on n'avait pas le droit de traverser la rivière par un autre moyen que de passer sur un des ponts.

Après avoir analysé le problème, Léonard Euler conclut que ce chemin n'était pas possible. Mais ce qui créa la théorie des graphes, c'est la méthode qu'il utilisa pour le démontrer.

Si nous dessinons Königsberg et ses sept ponts, cela donne ceci :

Si on simplifie le problème, on va abstraire les composants en zones de terre, la rivière, et les ponts, comme ceci :

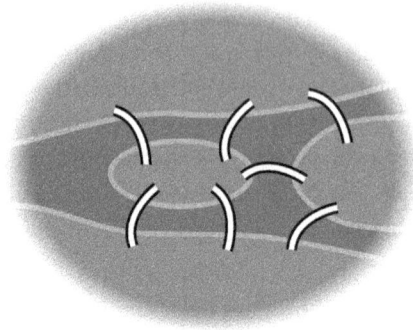

Pour notre problème mathématique, la rivière n'a pas beaucoup d'importance. Nous pouvons donc garder deux éléments : les masses de terre et les ponts. Les masses de terre sont les zones de passage, et les ponts sont les moyens du passage. Nous pouvons donc abstraire complètement cet exercice en dessinant des points et des relations comme suit :

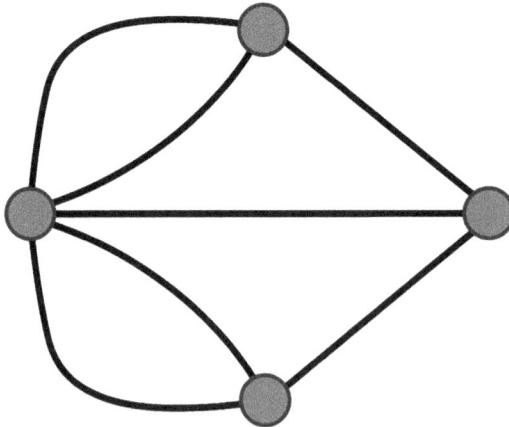

En établissant la théorie des graphes, Euler a nommé les points des **nœuds** et les relations des **arêtes**.

L'assemblage abstrait de nœud et d'arêtes sera appelé un graphe.

Un graphe est donc composé de nœuds, aussi appelés vertex, et d'arêtes, aussi appelés arcs.

Dans les modèles de bases de données orientées graphe, on stocke ces objets avec des propriétés associées. Un graphe où les nœuds et les arêtes contiennent des propriétés s'appellent un graphe de propriété, ou *property graph.*

Les arêtes elle-même peuvent être dirigée ou non dirigée. Lorsqu'une arête est dirigée, la relation établie entre un nœud et un autre ne va que dans une seule direction.

Par exemple, sur un réseau social comme Facebook, les relations entre les membres sont non dirigées. Lorsque vous établissez une relation de connaissance avec quelqu'un, elle est bidirectionnelle. Vous connaissez X, X vous connaît.

Sur un réseau social comme Twitter, la relation est dirigée. Si vous suivez quelqu'un, cela ne va que dans une seule direction, cette personne ne vous suit pas forcément.

Une base de données orientée graphe définit un graphe de propriété dirigé.

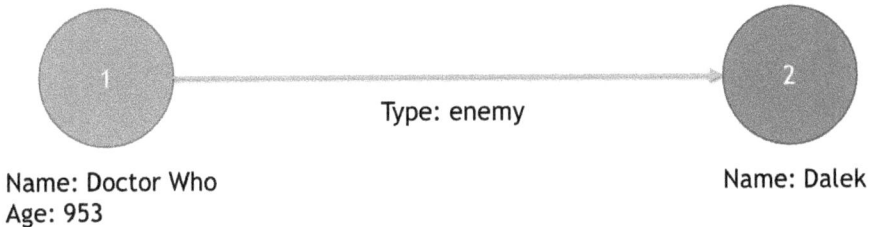

Type: enemy

Name: Doctor Who
Age: 953

Name: Dalek

4.1.1. Quelques termes utiles

Le degré, ou la valence, est le nombre d'arêtes qui touchent un nœud. Dans le dessin suivant, j'ai représenté de degré de chaque nœud.

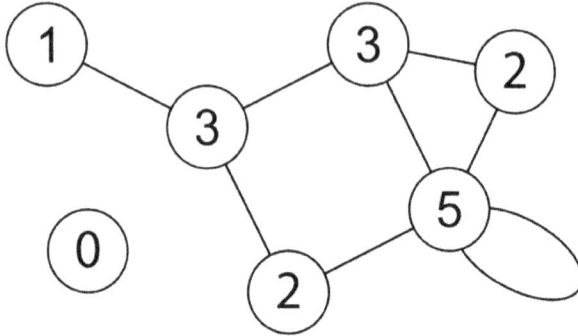

Les nœuds dits adjacents sont reliés par une seule arête.

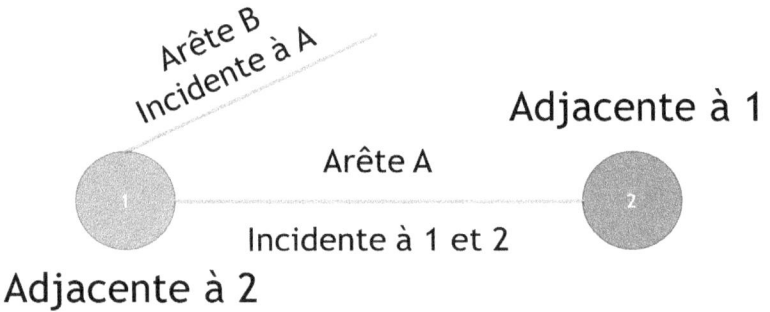

Les arêtes sont incidentes à deux nœuds.

Les graphes peuvent représenter une hiérarchie, comme une arborescence, ou un graphe multi-nœuds, sans racine unique.

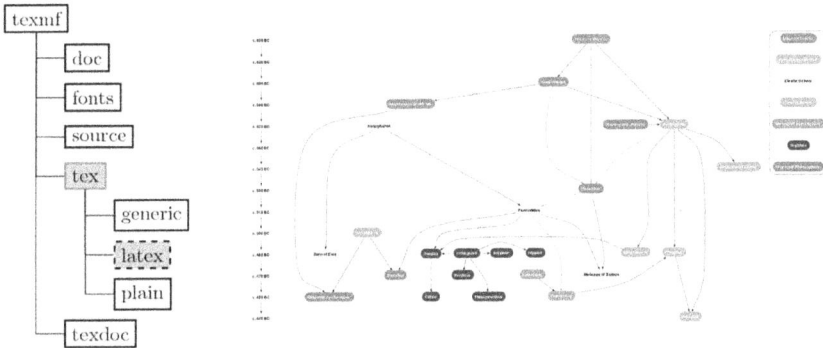

4.1.2. Les bases de données graphe existantes

SQL Server implémente un modèle de graphe à l'intérieur d'une structure qui est à l'origine relationnelle. Il existe déjà des bases de données orientées graphe natives. Les exemples les plus célèbres sont Neo4J[15] et OrientDB[16]. Il existe également un Framework d'analyse de graphes distribué qui s'appelle Apache Tinkerpop[17].

La spécificité du graphe demande un langage délié. Les langages de programmation adaptés aux données sont en général déclaratifs. Neo4J a développé le langage Cypher, un cousin éloigné de SQL. Voici un exemple de Cypher :

```
MATCH (actor:Person)-[:ACTED_IN]->(movie:Movie)
WHERE movie.title STARTS WITH "T"
RETURN movie.title AS title, collect(actor.name) AS cast
ORDER BY title ASC LIMIT 10;
```

On voit l'instruction MATCH qui correspond plus ou moins à l'instruction FROM et qui représente des nœuds et des arêtes dirigées, la clause WHERE qui indique un filtre et la clause RETURN qui effectue une projection dans le sens de l'algèbre relationnelle.

De son côté, Apache Tinkerpop a développé un langage nommé Gremlin, plus orienté appel de méthodes, dont voici un exemple ;

---

15 https://neo4j.com/
16 https://orientdb.com/
17 http://tinkerpop.apache.org/

```
g.V().as("a").out("knows").as("b").
 select("a","b").
  by("name").
  by("age")
```

Dans le monde Microsoft, les deux langages sont utilisés. Azure Cosmos DB[18], la base de données multi modèles sur le cloud de Microsoft, implémente le langage Gremlin qui vient d'Apache Tinkerpop.

Dans SQL Server 2017, la fonctionnalité de graphe a intégré dans le langage Transact-SQL le mot-clé MATCH, c'est un emprunt librement adapté à la syntaxe de Cypher.

Ce qui importe dans les bases de données graphes, comme Neo4j, ce n'est pas tant la structure des données, que les fonctionnalités du langage qui permettent d'implémenter les algorithmes habituels de traversée de graphes, par exemple le chemin le plus court ou *Shortest Path*. C'est seulement la présence de ces algorithmes qui rendent une base de données graphes réellement intéressante.

4.1.3. L'implémentation du graphe dans SQL Server 2017

SQL Server 2017 ajoutent un modèle supplémentaire dans une base de données, qui est donc le modèle en graphe. Au lieu de créer des structures de données dédiées, les données de graphe sont stockées dans des tables relationnelles, spécialement adaptées, et marquées comme contenant des informations de nœud ou d'arête. De même, inutile de créer un nouveau langage. Microsoft a étendu le langage Transact-SQL pour y ajouter des syntaxes propres au traitement des graphes. La syntaxe ajoutée est le MATCH, qui permet de lier des tables de nœuds par des arêtes, sans utiliser la syntaxe traditionnelle de la jointure du langage SQL.

Vous pouvez créer plusieurs tables de nœuds et d'arêtes dans une base de données, elles feront partie conceptuellement d'un seul graphe.

Les tables de graphe contiennent des métadonnées spécifiques, sous forme de colonnes cachées et de colonne calculée qui vont montrer un identifiant unique de nœud ou d'arête à l'intérieur du graphe de la base de données.

---

18   https://azure.microsoft.com/fr-fr/services/cosmos-db/

Tables graphiques
  dbo.Passenger
    Colonnes
      graph_id_81F288A463A445599F5E2F4159B6449C (bigint, non NULL)
      Snode_id_9AD9E1710391494AAC234B2D6C699262 (nvarchar(1000), non NULL)
      PassengerId (PK, int, non NULL)
      PassengerName (varchar(50), non NULL)
      PassengerType (varchar(50), non NULL)
    Clés
      PK_Passenge_88915FB0A23D9B49
    Contraintes
    Déclencheurs
    Index
      GRAPH_UNIQUE_INDEX_DCBD6F7B56EF4342A8CAB49E165BECBA (unique, non cluster)
      PK_Passenge_88915FB0A23D9B49 (Cluster)
    Statistiques

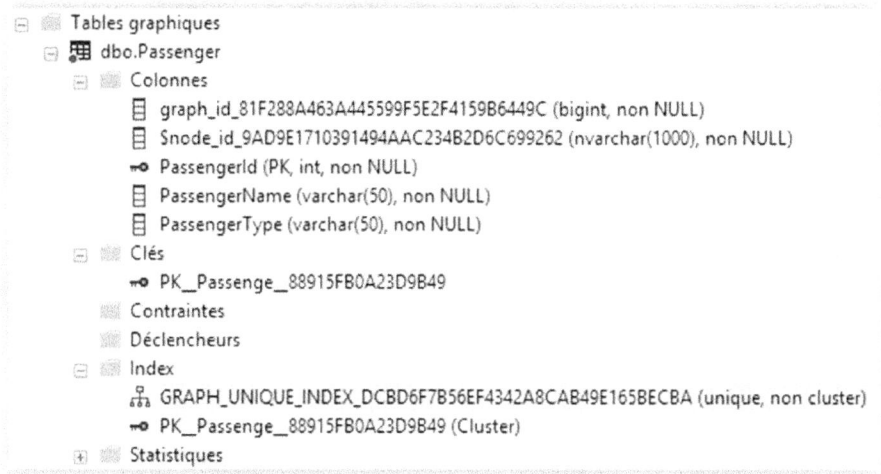

4.1.4. Limitations

Les tables contenant des données de graphe ont une compatibilité limitée avec
certaines fonctionnalités. Il est possible de créer des index sur les tables de graphe, et
de créer les index ColumnStore. Il n'est pas possible d'implémenter des tables de
graphe en table optimisées en mémoire. La syntaxe MATCH est transformée par le
moteur d'optimisation *via* deux algorithmes de jointure : la boucle imbriquée et le
hachage.

4.2. Créer des tables de nœuds et d'arêtes

Voici un exemple de table de graphe. La syntaxe de la création de la table ajoute à la syntaxe traditionnelle les clauses AS NODE ou AS EDGE, pour indiquer qu'il s'agit d'une table de nœuds ou d'une table d'arêtes.

```
CREATE TABLE dbo.Person (
    PersonId int IDENTITY(1,1) NOT NULL PRIMARY KEY,
    FirstName varchar(50) NOT NULL,
    LastName varchar(50) NOT NULL
) AS NODE;
```

La clé primaire que j'ai choisi de créer n'est pas obligatoire. Elle ne sera pas utilisée par le graphe pour identifier l'objet. Des colonnes de métadonnées vont être ajoutée automatiquement, pour identifier uniquement un élément du graphe. Les colonnes mentionnées ici explicitement sont simplement les propriétés du nœud. Les tables d'arête reprennent la même structure, comme ci-dessous.

```
CREATE TABLE dbo.ActedIn
(
        RoleInMovie varchar(100)
) AS EDGE;
```

À la rigueur, si vous n'avez pas besoin de propriété pour une table d'arête, vous pouvez la créer vide, comme ceci.

```
CREATE TABLE dbo.Directed AS EDGE;
CREATE TABLE dbo.Produced AS EDGE;
CREATE TABLE dbo.Wrote AS EDGE;
```

Ces tables ne contiennent ni index, ni contrainte d'unicité, et les créations de table d'arêtes ne créent pas d'intégrité référentielle, c'est-à-dire de clé étrangère, entre des tables de nœuds. Comme une arrête peut être placée entre différents types de nœuds, elle peut référencer des tables de nœuds différentes à chaque fois. Comme toutes les tables de graphe de la base de données forment un seul graphe, elles peuvent toutes être reliées les unes entre les autres sans que ce soit prédéfini dans le modèle des tables. C'est pour cette raison que des métadonnées sont créées dans chaque table pour identifier uniquement à travers la base de données une ligne dans une de ces tables, qui représente donc un nœud ou une arrête du graphe.

4.2.1. SQL Server Management Studio

Dans SQL Server management studio, toutes les tables de graphe sont regroupées dans l'affichage de l'explorateur d'objets dans un dossier particulier. En anglais il s'appelle Graph Tables et il a été traduit assez malheureusement en français par « tables graphiques », ce qui devrait être corrigé dans une version ultérieure de Management Studio, en tout cas on l'espère.

Vous y trouvez mélangées les tables de nœuds et d'arêtes, la différence est indiquée par l'icône, comme dans cet exemple.

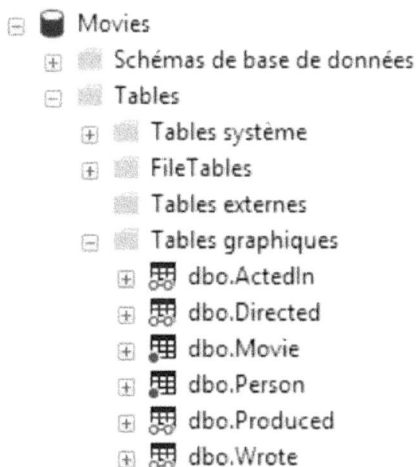

La vision des colonnes des tables indique les colonnes cachées, comme dans cet exemple.

⊟ ▦ Tables graphiques

   ⊟ ▦ dbo.ActedIn

      ⊟ ▦ Colonnes

         🗒 graph_id_13807469014F4E54A5A729D3575BF9CF (bigint, non NULL)

         🗒 $edge_id_864710C841F149909F1848CDD8536A69 (nvarchar(1000), non NULL)

         🗒 from_obj_id_BBDC4389587B42AB8DD738D0B6F35F3D (int, non NULL)

         🗒 from_id_5370208D097A48F2855E878B47F0EBBC (bigint, non NULL)

         🗒 $from_id_A2C6243E24C84699A905156EF9D03CEC (nvarchar(1000), NULL)

         🗒 to_obj_id_B16DAE7CE9854AB4965537E228CBD961 (int, non NULL)

         🗒 to_id_776498AC0749409BA865B0254090485C (bigint, non NULL)

         🗒 $to_id_1B0E7D14486D4422B0B1CA61E2080D5A (nvarchar(1000), NULL)

         🗒 RoleInMovie (varchar(100), NULL)

Ces colonnes ne peuvent pas être exploitées dans une requête par leur nom affiché dans SSMS. Vous pouvez simplement utiliser les pseudo-colonnes dans le SELECT de vos requêtes. Le SELECT * vous montre les pseudo-colonnes.

```
SELECT * FROM dbo.ActedIn ai;
```

$edge_id_864710C841F149909F1848CDD8536A69	$from_id_A2C6243E24C84699A905156EF9D03CEC	$to_id_1B0E7D14486D4422B0B1CA61E2080D5A	RoleInMovie
{"type":"edge","schema":"dbo","table":"ActedIn"...	{"type":"node","schema":"dbo","table":"Person"...	{"type":"node","schema":"dbo","table":"Movie"...	Neo
{"type":"edge","schema":"dbo","table":"ActedIn"...	{"type":"node","schema":"dbo","table":"Person"...	{"type":"node","schema":"dbo","table":"Movie"...	Trinity
{"type":"edge","schema":"dbo","table":"ActedIn"...	{"type":"node","schema":"dbo","table":"Person"...	{"type":"node","schema":"dbo","table":"Movie"...	Morpheus
{"type":"edge","schema":"dbo","table":"ActedIn"...	{"type":"node","schema":"dbo","table":"Person"...	{"type":"node","schema":"dbo","table":"Movie"...	Agent Smith
{"type":"edge","schema":"dbo","table":"ActedIn"...	{"type":"node","schema":"dbo","table":"Person"...	{"type":"node","schema":"dbo","table":"Movie"...	Emil
{"type":"edge","schema":"dbo","table":"ActedIn"...	{"type":"node","schema":"dbo","table":"Person"...	{"type":"node","schema":"dbo","table":"Movie"...	Neo
{"type":"edge","schema":"dbo","table":"ActedIn"...	{"type":"node","schema":"dbo","table":"Person"...	{"type":"node","schema":"dbo","table":"Movie"...	Trinity
{"type":"edge","schema":"dbo","table":"ActedIn"...	{"type":"node","schema":"dbo","table":"Person"...	{"type":"node","schema":"dbo","table":"Movie"...	Morpheus

4.2.2. Les pseudo-colonnes

SQL Server ajoute des pseudo-colonnes dans les tables de graphe.

Dans une table de nœuds, vous retrouvez la pseudo-colonne $node_id, qui représente l'identifiant unique du nœud dans le graphe. Dans une table d'arêtes vous retrouvez la pseudo-colonne $edge_id, qui identifie uniquement l'arête dans le graphe.

La pseudo-colonne $node_id est formée d'une combinaison de l'identifiant de la table, donc de l'object_id, de l'identifiant du graphe, donc de la base de données, et d'un numéro qui identifie la ligne de la table. Lorsque vous interrogez la colonne $node_id, vous obtenez une représentation en JSON de ces informations.

La pseudo-colonne $edge_id réalise la même chose pour une arête. Par exemple :

```
SELECT TOP 1 ai.$edge_id FROM dbo.ActedIn ai;
```

Retourne ceci :

```
{"type":"edge","schema":"dbo","table":"ActedIn","id":0}
```

Qui représente donc l'identifiant unique de cette arête dans le graphe.

Une table d'arêtes comporte également une colonne $from_id, qui est le $node_id de la source, et $to_id, qui est le $node_id de la destination. On pourrait aussi obtenir des informations sur une relation dans le graphe à l'aide d'une jointure classique.

4.2.3. Interrogation des métadonnées

Des informations spécifiques sont ajoutées à la vue système sys.tables, comme le montre l'exemple suivant.

```
SELECT object_id, name, type_desc, is_node, is_edge
FROM sys.tables;
```

Ce qui donne dans notre base exemple, le résultat suivant :

object_id	name	type_desc	is_node	is_edge
901 578 250	Movie	USER_TABLE	1	0
949 578 421	Person	USER_TABLE	1	0
997 578 592	ActedIn	USER_TABLE	0	1
1 013 578 649	Directed	USER_TABLE	0	1
1 029 578 706	Produced	USER_TABLE	0	1
1 045 578 763	Wrote	USER_TABLE	0	1

Des informations spécifiques sont ajoutées à la vue système sys.columns, comme le montre l'exemple suivant.

```
SELECT
     t.name as tbl,
     c.name as col,
     c.graph_type_desc
FROM sys.columns c
JOIN sys.tables t ON c.object_id = t.object_id
ORDER BY t.name, c.column_id;
```

Ce qui donne dans notre base exemple, le résultat suivant, sur une table d'arête :

tbl	col	graph_type_desc
ActedI n	graph_id_13 807 469 014F4E54A5A729D357 5BF9CF	GRAPH_ID
ActedI n	$edge_id_864 710C841F149 909F1848CDD8 536A69	GRAPH_ID_COMPUTED
ActedI n	from_obj_id_BBDC4 389 587B42AB8DD738 D0B6F35F3D	GRAPH_FROM_OBJ_ID
ActedI n	from_id_5 370 208D097A48F2855E878B47F 0EBBC	GRAPH_FROM_ID
ActedI n	$from_id_A2C6243E24C84 699A905 156EF9 D03CEC	GRAPH_FROM_ID_COMPU TED
ActedI n	to_obj_id_B16DAE7CE9854AB4 965 537E22 8CBD961	GRAPH_TO_OBJ_ID
ActedI n	to_id_776 498AC0 749 409BA865B0 254 090 485C	GRAPH_TO_ID
ActedI n	$to_id_1B0E7D14 486D4422B0B1CA61E20 80D5A	GRAPH_TO_ID_COMPUTE D
ActedI n	RoleInMovie	NULL

Des fonctions sont ajoutées pour extraire les éléments spécifiques des pseudo-colonnes ;

```
SELECT
    $node_id,
    OBJECT_NAME(OBJECT_ID_FROM_NODE_ID($node_id)) as MyTable,
    GRAPH_ID_FROM_NODE_ID($node_id) as GraphId
FROM dbo.Movie;

SELECT
OBJECT_ID_FROM_NODE_ID('{"type":"node","schema":"dbo","table":"Movie
","id":4}')

SELECT NODE_ID_FROM_PARTS(OBJECT_ID('dbo.Movie'),2);

SELECT
    $edge_id,
    OBJECT_NAME(OBJECT_ID_FROM_EDGE_ID($edge_id)) as MyTable,
    GRAPH_ID_FROM_EDGE_ID($edge_id) as GraphId
FROM dbo.ActedIn;

SELECT EDGE_ID_FROM_PARTS(OBJECT_ID('dbo.ActedIn'),2);
```

Voici la liste des nouvelles fonctions :

Fonction	Description
OBJECT_ID_FROM_NODE_ID()	Retrouve l'identifiant de la table à partir d'un $node_id.
GRAPH_ID_FROM_NODE_ID()	Retrouve l'identifiant du graphe, donc de la base de données, à partir d'un $node_id.
NODE_ID_FROM_PARTS()	Crée un $node_id à partir de ses éléments constitutifs passés en paramètre.
OBJECT_ID_FROM_EDGE_ID()	Retrouve l'identifiant de la table à partir d'un $edge_id
GRAPH_ID_FROM_EDGE_ID()	Retrouve l'identifiant du graphe, donc de la base de données, à partir d'un $edge_id.
EDGE_ID_FROM_PARTS()	Crée un $edge_id à partir de ses éléments constitutifs passés en paramètre.

La création manuelle de contraintes d'intégrité n'est pas supportée. Par exemple, la requête suivante va provoquer une exception :

```
ALTER TABLE dbo.ActedIn
ADD CONSTRAINT fk$ActedIn$References$Person
FOREIGN KEY ($from_id) REFERENCES dbo.Person ($node_id);
```

ce qui peut se comprendre, dans la mesure où les pseudo-colonnes qui doivent être utilisées, ne peuvent être mentionnées dans une commande DDL. Elles n'existent pas réellement.

4.2.4. Insertion de valeurs

L'insertion de lignes dans les tables de nœuds se fait traditionnellement. L'insertion d'une arête implique de retrouver le nœud de départ et le nœud de destination. Cela se réalise dans la syntaxe d'insertion par deux sous requêtes qui retrouvent les deux $node_id.

```
INSERT INTO dbo.Movie (Title, Released, Tagline)
VALUES ('The Matrix', 1999, 'Welcome to the Real World');
```

```
INSERT INTO dbo.Person (PersonName, born) VALUES ('Keanu
Reeves',1964)
INSERT INTO dbo.Person (PersonName, born) VALUES ('Carrie-Anne
Moss', 1967)
```

```
INSERT INTO dbo.ActedIn
VALUES ((SELECT $node_id FROM dbo.Person WHERE PersonName = 'Keanu
Reeves'),
        (SELECT $node_id FROM dbo.Movie WHERE Title = 'The
Matrix'),'Neo');
```

```
INSERT INTO dbo.ActedIn
VALUES ((SELECT $node_id FROM dbo.Person WHERE PersonName = 'Carrie-
Anne Moss'),
        (SELECT $node_id FROM dbo.Movie WHERE Title = 'The
Matrix'),'Trinity');
```

4.3. Requêter les graphes avec le mot-clé MATCH

La syntaxe de parcours du graphe utilise le mot-clé MATCH, qui provient du langage Cypher. MATCH est une fonction qui prend entre parenthèses une représentation textuelle des relations entre nœuds et arêtes, dont voici un exemple :

```
WHERE MATCH(noeud1-(arête1)->noeud2<-(arête2)-(noeud3))
```

MATCH ne peut être utilisé que dans le WHERE d'un SELECT, et seulement sur des tables de graphes.

MATCH représente un parcours entre des tables de nœuds et des tables d'arêtes, les différentes tables mentionnées doivent être listées dans la clause FROM séparées par des virgules, comme l'ancienne syntaxe de jointure non normalisée. Vous pouvez utiliser des alias.

L'expression du chemin indique qu'il faut passer d'un nœud à un autre nœud par une arête, dans la direction de la flèche. Les noms des arêtes sont indiqués entre parenthèses. Les noms des nœuds sont indiqués à chaque extrémité d'une flèche. La flèche peut aller vers la gauche ou vers la droite, mais pas dans les deux sens en même temps. Le graphe est dirigé.

On peut répéter le nom d'un nœud et ainsi parcourir plusieurs fois le même nœud, ce qui n'est pas toujours d'une utilité évidente. Cela peut correspondre à des auto-jointures. Cependant, un nom d'arête ne peut pas être répété.

Vous pouvez combiner dans la clause WHERE un MATCH avec d'autres filtres, à la condition de les lier par un opérateur AND. Les opérateurs booléens OR et NOT ne sont pas supportés.

4.3.1. Exemples de requête

Qui a joué dans quel film ?

```
SELECT actor.PersonName, Movie.Title
FROM dbo.Person AS actor, dbo.ActedIn, dbo.Movie
WHERE MATCH(actor-(ActedIn)->Movie)
ORDER BY actor.PersonName, Movie.Title;
```

Qui a joué dans le même film qu'un autre acteur ?

```
SELECT actor1.PersonName, Movie.Title, actor2.PersonName
FROM dbo.Person AS actor1, dbo.ActedIn AS ActedIn1, dbo.Movie,
     dbo.ActedIn AS ActedIn2, dbo.Person AS actor2
WHERE MATCH(actor1-(ActedIn1)->Movie<-(ActedIn2)-actor2)
AND actor1.PersonId <> actor2.PersonId;
```

Demi Moore a-t-elle joué dans un film avec Kiefer Sutherland ?

```
SELECT
     Movie.Title,
     ActedIn1.RoleInMovie as RoleOfDemi,
     ActedIn2.RoleInMovie as RoleOfKiefer
FROM
     dbo.Person AS actor1, dbo.ActedIn AS ActedIn1, dbo.Movie,
     dbo.ActedIn AS ActedIn2, dbo.Person AS actor2
WHERE MATCH(actor1-(ActedIn1)->Movie<-(ActedIn2)-actor2)
AND actor1.PersonName = 'Demi Moore'
AND actor2.PersonName = 'Kiefer Sutherland';
```

Quel est l'acteur qui a joué dans le plus de films ?

```
SELECT MIN(p.PersonName) as Name, COUNT(*) as Acted
FROM dbo.Person p, dbo.ActedIn a, dbo.Movie m
WHERE MATCH(p-(a)->m)
GROUP BY p.PersonId
HAVING COUNT(*) > 1
ORDER BY Acted DESC;
```

Qui a joué avec Carrie-Anne Moss ?

```
SELECT p2.PersonName, m.Title
FROM dbo.Person p, dbo.ActedIn a, dbo.Movie m, dbo.ActedIn a2,
dbo.Person p2
WHERE MATCH(p-(a)->m<-(a2)-p2)
AND p.PersonName = 'Carrie-Anne Moss'
AND p.PersonId <> p2.PersonId
```

4.3.2. Et les algorithmes de parcours de graphe ?

Malheureusement, les algorithmes qui font la richesse du parcours des graphes dans les langages comme Cypher sont, pour l'instant, complètement absents de SQL Server. Pour que cette fonctionnalité de graphe dans SQL Server soit réellement utile, il faut implémenter, par exemple sous forme de fonctions, les algorithmes au moins les plus utilisés dans le parcours d'un graphe.

Voici, par exemple, l'algorithme de chemin le plus court, ou *shortest path*, tel qu'il est implémenté dans Neo4J, avec Cypher.

```
MATCH (p1:Person {name: "Tom Hanks"}), (p2:Person {name: "Tom Cruise"}),
      path = shortestpath((p1)-[:KNOWS*]-(p2))
RETURN path
```

4.4.   Optimiser les performances des graphes

La boucle imbriquée et la correspondance de hachage sont les seuls algorithmes
considérés par l'optimiseur pour parcourir un graphe. Dans les deux requêtes
suivantes, nous avons un exemple de jointure par hachage et un exemple de jointure
par boucle imbriquée.

```
-- hash
SELECT actor.PersonName, Movie.Title
FROM dbo.Person AS actor, dbo.ActedIn, dbo.Movie
WHERE MATCH(actor-(ActedIn)->Movie);
```

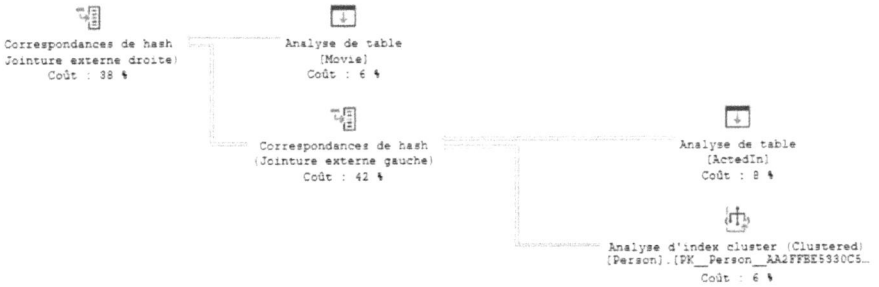

```
-- nested loop
SELECT actor.PersonName, Movie.Title
FROM dbo.Person AS actor, dbo.ActedIn, dbo.Movie
WHERE MATCH(actor-(ActedIn)->Movie)
AND actor.PersonName = 'Demi Moore';
```

On voit également que, puisque aucun index n'a été automatiquement créé sur les tables, elles sont scannées. Il n'y a pas d'index clustered créé sur les tables, ce sont donc des tables Heap.

4.4.1. Indexation

Il est possible d'indexer les tables, pour obtenir de meilleures performances. On peut d'ailleurs décider de créer un index clustered à la création d'une table, ou ensuite. L'index clustered peut être créé en mentionnant les pseudo-colonnes.

```
CREATE TABLE dbo.Movie
(
        Title varchar(100) not null unique,
        Released int,
        Tagline varchar(1000),
        CONSTRAINT pk$Movie PRIMARY KEY ($node_id)
) AS NODE;

CREATE TABLE dbo.Person
(
        PersonName varchar(100) not null unique,
        born int,
        CONSTRAINT pk$Person PRIMARY KEY ($node_id)
) AS NODE;

CREATE TABLE dbo.ActedIn
(
        RoleInMovie varchar(100),
        CONSTRAINT pk$ActedIn PRIMARY KEY ($edge_id)

) AS EDGE;

CREATE TABLE dbo.Directed AS EDGE;
ALTER TABLE dbo.Directed ADD CONSTRAINT pk$Directed PRIMARY KEY
($edge_id);
```

On peut développer une stratégie d'indexation traditionnelle, par exemple en créant des index nonclustered couvrants, comme ceci :

```
CREATE INDEX nix$Person$1 ON dbo.Person ($node_id, PersonName);
CREATE INDEX nix$ActedIn$1 ON dbo.ActedIn ($from_id, $to_id);
CREATE INDEX nix$Movie$1 ON dbo.Movie ($node_id) INCLUDE (Title);
```

Ce qui donne, sur notre dernière requête ;

```
-- nested loop
SELECT actor.PersonName, Movie.Title
FROM dbo.Person AS actor, dbo.ActedIn, dbo.Movie
WHERE MATCH(actor-(ActedIn)->Movie)
AND actor.PersonName = 'Demi Moore';
```

Boucles imbriquées (Jointure interne) Coût : 0 %	Boucles imbriquées (Jointure interne) Coût : 0 %	Recherche d'index (NonClustered) [Person].[UQ__Person__B88311BE6947A…] Coût : 25 %
Recherche d'index (NonClustered) [Movie].[nix$Movie$1] Coût : 26 %	Recherche d'index (NonClustered) [ActedIn].[nix$ActedIn$1] Coût : 25 %	Recherche de clés (Clustered) [Person].[PK__Person__AA2FFBE5330C5…] Coût : 25 %

Maintenant, les recherches d'index remplacent les scans de tables. On voit que l'index nix$Person$1 n'est pas utilisé. Il est bien sûr possible de forcer l'index, dans le pire des cas ;

```
SELECT actor.PersonName, Movie.Title
FROM dbo.Person AS actor WITH (index = nix$Person$1), dbo.ActedIn,
dbo.Movie
WHERE MATCH(actor-(ActedIn)->Movie)
AND actor.PersonName = 'Demi Moore';
```

On peut également créer un index ColumnStore.

```
BEGIN TRAN

CREATE CLUSTERED COLUMNSTORE INDEX cci_ActedIn ON dbo.ActedIn;

SELECT * FROM dbo.ActedIn

ROLLBACK;
```

Chapitre 5.   SQL Server pour Linux

5.1.   Comprendre l'architecture sur Linux

Plusieurs fois dans l'histoire de SQL Server, les équipes de développement ont pensé à le porter sur Linux. La complexité de cette opération est telle qu'ils ont chaque fois abandonné. En 2014, les équipes de SQL Server ont décidé d'essayer encore. Cette fois, ils ont trouvé un moyen de réaliser cette opération rapidement et sans trop de développement. En utilisant un sujet de recherche à l'intérieur de Microsoft, le projet Drawbridge[19] qui consistait à créer un système d'exploitation virtuel, ils ont créé une couche d'abstraction qu'ils ont appelée PAL, pour *Platform Abstraction Layer*. Cette couche d'abstraction leur a permis d'abstraire le système d'exploitation et de porter beaucoup plus facilement SQL Server sur Linux.

SQL Server sur Linux n'est pas différent de SQL Server sur Windows, il s'agit exactement du même produit, et à peu de choses près, les performances sont les mêmes. SQL Server sur Windows fonctionne également sur PAL. Il s'agit donc pratiquement du même exécutable.

Le développement de SQL Server sur Linux a consisté à intégrer Drawbridge et SQLOS pour former une seule couche d'abstraction dédiée à SQL Server, nommée SQLPAL.

Bien entendu, la première raison pour porter SQL Server sur Linux est une raison économique. Linux est le système d'exploitation qui est la plus forte croissance, et environ 30 % des serveurs d'entreprise utilisent une distribution Linux.

5.1.1.   Sur quelles distributions ?

Plateforme	Version(s) supportée(s)
Red Hat Enterprise Linux	7.3 ou 7.4
SUSE Linux Enterprise Server	v12 SP2
Ubuntu	16.04
Docker Engine	1.8+

---

19   https://www.microsoft.com/en-us/research/project/drawbridge/

Les autres distributions ne sont pas supportées officiellement, mais vous pouvez toujours essayer. Souvent, il s'agit de créer des symlinks pour créer de fausses versions de bibliothèques.

5.1.2. Où sont les dépôts ?

Les dépôts pour les distributions sont disponibles en deux modes :

- CU = Cumulative Updates → mssql-server-2017

- GDR = General Distribution Release → mssql-server-2017-gdr

Vous pouvez installer une version spécifique de SQL Server, et même remplacer une version installée par une version antérieure, si vous restez dans la même version majeure.

Voici un exemple d'installation par dépôt sur un système Red Hat (ou CentOS, non officiellement supporté).

```
sudo curl -o /etc/yum.repos.d/mssql-server.repo
https://packages.microsoft.com/config/rhel/7/mssql-server-2017.repo

sudo yum update mssql-server

sudo yum downgrade mssql-server-<version_number>.x86_64
```

5.1.3. Quelques spécificités

- Installation par paquets, intégrée à la distribution ;

- Pas d'instances nommées ;

- Les systèmes de fichiers supportés sont XFS ou EXT4. XFS est considéré plus rapide, mais EXT4 se débrouille bien dans certains benchmarks ;

- Le DTC (*Distributed Transaction Coordinator*) n'existe pas sur Linux ;

- On peut créer des serveurs liés ;

- Le hostname de la machine doit avoir 15 caractères ou moins.

5.1.4.   Quelles sont les fonctionnalités supportées sur Linux ?

Les tables optimisées en mémoire et les index ColumnStore sont supportés. Vous ne pouvez pas restaurer une base 2014 qui contient des tables optimisées en mémoire, directement. Vous devez passer par une restauration sur 2016 ou 2017 sur Windows, puis une sauvegarde à partir de cet environnement intermédiaire.

Non supportés :

- Les réplications transactionnelles et de fusion
- StretchDB
- FILESTREAM
- Buffer Pool Extension
- xp_ procedures

Services non présents :

- SQL Server Browser
- SQL Server R services
- Analysis Services
- Reporting Services
- Data Quality Services
- Master Data Services

5.1.4.1   Full Text Search

FTS est supporté, sans que tous les filtres ne soient disponibles. L'indexeur externe a été porté sur Linux. La fonctionnalité de recherche statistique sémantique (*Statistical Semantic Search*) est implémentée à travers une base de données à restaurer manuellement.

5.1.4.2   Integration Services

On peut exécuter des packages SSIS (*Sql Server Integration Services*) sur Linux. Ce sont des assemblies .NET, et .NET Core est disponible sur Linux.

Un outil en ligne de commande, `dtexec`, est disponible.

Si le package contient des mots de passe, on peut les passer à la ligne de commande ou dans des variables d'environnement.

On se connecte aux données en utilisant le pilote ODBC pour Linux développé par Microsoft.

Les chemins de fichiers Windows sont mappés automatiquement.

Les packages sont déposés sur le serveur en tant que fichiers. La base de catalogue n'est pas disponible.

La planification se fait avec cron. L'agent SQL sur Linux ne supporte pas la planification de packages.

Tous les composants ne sont pas disponibles. Voir https://docs.microsoft.com/en-us/ sql/linux/sql-server-linux-ssis-known-issues?view=sql-server-linux-2017#components.

5.2. Installer SQL Server sur une distribution Linux

Les opérations fondamentales sont :

* Déclarer le dépôt ;

* Installer avec le gestionnaire de paquets ;

* Configurer avec le script mssql-conf ;

* Mettre à jour avec le gestionnaire de paquets.

5.2.1. Utilisation des variables d'environnement

Documenté sur https://docs.microsoft.com/en-us/sql/linux/sql-server-linux-configure-environment-variables.

```
sudo ACCEPT_EULA='Y' MSSQL_PID='Developer'
MSSQL_SA_PASSWORD='Admin1234' MSSQL_TCP_PORT=1234
/opt/mssql/bin/mssql-conf setup
```

5.2.2. Configuration

Le gestionnaire de configuration n'existe pas en version graphique. Vous disposez d'un script Python nommé mssql-conf. Il donne des accès à des configurations qu'on trouve dans sp_configure également. Il stocke les modifications dans un fichier de configuration texte.

Il permet de :

* choisir l'édition de SQL Server ;

* choisir la collation par défaut du serveur ;

* configurer SQL Agent ;

* configurer le profil Database mail ;

* attribuer le mot de passe SA ;

* choisir les répertoires par défaut ;

* définir la valeur de mémoire maximum pour SQL Server ;

- changer le port TCP ;
- activer ou désactiver des drapeaux de trace au niveau serveur.

Voici un exemple d'appel :

```
sudo /opt/mssql/bin/mssql-conf set telemetry.customerfeedback false
```

5.2.3.   Collation

La collation par défaut est une collation SQL (`SQL_Latin1_General_CP1_CI_AS`). Les collations Windows sont supportées par mappage. Utilisez une collation SQL, c'est plus intéressant en performance sur les `LIKE`.

Vous pouvez changer la collation par défaut ensuite, mais cela implique un redémarrage du service.

5.2.4.   Outils spécifiques

Vous avez un script de génération de scripts de schémas et données, multi-plateformes et libre : `mssql-scripter`.

https://github.com/Microsoft/mssql-scripter

Et un outil de mappage de requetes sur les vues de gestion dynamique, vers des fichiers virtuels Linux : DBFS tool.

```
dbfs -c [config file] -m [mount directory]
```

5.2.5.   SQL Server Agent

L'agent SQL est disponible de façon intégrée dans le paquet `mssql-server` depuis SQL Server 2017 CU4. Il s'agissait auparavant d'un téléchargement séparé. Il est désactivé par défaut, vous devez l'activer avec le script `mssql-conf`.

```
sudo /opt/mssql/bin/mssql-conf set sqlagent.enabled true
sudo systemctl restart mssql-server
```

L'agent SQL sur Linux ne peut exécuter que du code SQL. Il ne peut pas exécuter des scripts externes. Pas de scripts bash, ni Powershell. Il n'y a pas d'agents de réplication ni de Change Data Capture.

5.2.6. Installation avec Docker

Microsoft a ajouté une image Docker dans le Docker Hub. Vous pouvez directement importer cette image en utilisant la commande `docker pull`.

SQL Server dans une image Docker peut être activée pour n'importe quelle édition, y compris les éditions Standard et Entreprise.

Puisque vous ne pouvez pas créer d'instance nommée sur Linux, vous pouvez utiliser des containers Docker pour faire tourner plusieurs instances sur la même machine.

Vous pouvez profiter de Kubernetes pour créer un système avec haute disponibilité sur Linux à la place de machines virtuelles sur VMware ou HyperV.

Vous pouvez utiliser les variables d'environnement pour informer le container de paramètres particuliers lorsque vous démarrez un container. Les variables d'environnement et les options possibles sont indiquées dans cette documentation :

https://docs.microsoft.com/en-us/sql/linux/sql-server-linux-configure-docker?view=sql-server-linux-2017#production

Voici un exemple de script qui importe l'image et démarre un container.

```
docker pull microsoft/mssql-server-linux:2017-latest

docker run -e "ACCEPT_EULA=Y" -e "SA_PASSWORD=Admin1234" `
    -p 1433:1433 --name sql1 `
    -d microsoft/mssql-server-linux:2017-latest

docker exec -it sql1 /bin/bash
```

5.2.7. Outils clients

Les outils clients disponibles pour SQL Server sur Linux sont :

- SQL Server Management Studio, qui ne fonctionne que sur Windows mais qui va se connecter au serveur sur Linux à travers le port 1433 traditionnel ;

- sqlcmd en ligne de commande, présent dans le paquet mssql-tools. https://docs.microsoft.com/fr-fr/sql/linux/sql-server-linux-setup-tools ;

- un outil multi plate-forme développé avec la même technologie que Visual Studio Code, qui s'appelait avant SQL Server Operations Studio, et qui a été renommé en Azure Data Studio. Cet outil permet de se connecter à SQL Server sur Windows et sur Linux, et à Azure SQL. Il fonctionne dans un environnement graphique Windows, Linux ou Mac OS. https://github.com/Microsoft/azuredatastudio ;

- Visual Studio Code avec une extension spécifique mssql. https://docs.microsoft.com/fr-fr/sql/linux/sql-server-linux-develop-use-vscode.

5.2.8. Pilotes pour langages clients

Les pilotes disponibles pour vos développements en langage client sur Linux sont :

- Microsoft JDBC 6.4 – open source, MIT licence, https://github.com/microsoft/mssql-jdbc ;

- Microsoft PHP Driver – open source, MIT licence, https://github.com/Microsoft/msphpsql ;

- ODBC Driver 17 for SQL Server, le source n'est pas disponible ;

- .NET Core – System.Data.SqlClient. open source, https://github.com/dotnet/core ;

- pour Node.js – Tedious – implémentation de TDF (Tabluar Data Stream) en Javascript, https://github.com/tediousjs/tedious ;

- Python en ODBC, via pyodbc.

5.3. Importer et exporter des bases de données entre Windows et Linux

Pour importer ou exporter des bases de données SQL Server entre Windows et Linux, vous pouvez simplement utiliser une sauvegarde et une restauration. La commande RESTORE supporte dans son option WITH MOVE des chemins Windows ou Linux. Le format de fichier est exactement le même, donc, vous pouvez restaurer sur Linux comme vous restaurez sur Windows.

De même, vous pouvez détacher et attacher des bases entre les deux environnements.

Vous pouvez également utiliser des fichiers BACPAC, développés depuis quelques versions pour importer les bases de données dans Azure, pour échanger des bases de données entre Windows et Linux, avec l'avantage de pouvoir importer dans une version antérieure.

5.3.1. Gestion des bases de données système

Les bases de données systèmes sont par défaut à l'emplacement /var/opt/mssql/data.

Vous pouvez les déplacer à l'aide du script mssql-conf. Même la base master peut être déplacée, depuis le CU4. Le répertoire du journal d 'erreur peut aussi être changé, depuis le CU4.

```
./mssql-conf set filelocation.errorlogfile
```

5.4.   Les solutions de haute disponibilité sur Linux

5.4.1.   Cluster de basculement

Il est possible de définir un cluster de basculement avec SQL Server sur Linux.
Comme le service de cluster de Windows n'est bien entendu pas disponible, il faut se
baser sur un système de cluster propre à Linux. Ce système de cluster est découpé
en deux outils, Pacemaker et Corosync.

En ce qui concerne le disque partagé, il est tout à fait possible d'utiliser des disques
reliés en iSCSI, ou d'utiliser un partage SMB, les dernières versions du protocole
SMB, SMB trois, sont plus rapides que les précédentes et permettent sur une bonne
configuration d'obtenir des performances correctes à travers le réseau pour les
fichiers de données et de journal de transactions. On peut aussi utiliser des points de
montage en NFS.

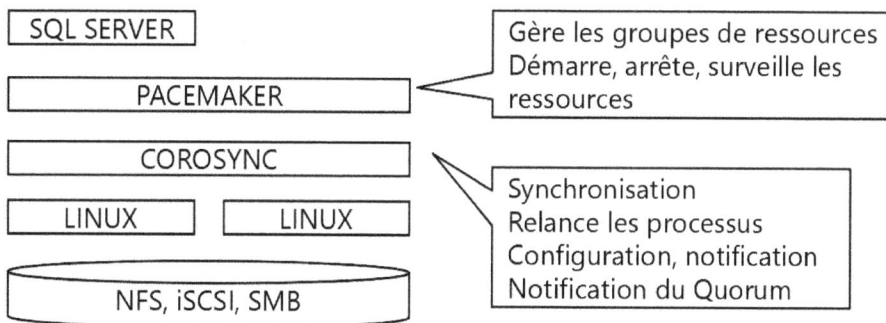

5.4.1.1   Corosync

Corosync est un programme de bas niveau de gestion du cluster, qui assure la
synchronisation des nœuds, s'occupe de relancer les processus sur un nœud lors du
basculement, gère la configuration distribuée, la notification entre les nœuds et la
gestion du quorum.

Il s'agit d'une couche de messagerie qui permet de transmettre les informations entre les différents nœuds du cluster. Corosync s'occupe également du *heartbeat*, c'est-à-dire de la vérification régulière de la santé de chaque nœud.

Corosync gère les nœuds et leur appartenance au cluster. C'est lui qui s'occupe de la notification des nœuds qui rejoignent ou quittent le cluster.

Corosync gère le quorum, c'est-à-dire les vôtres entre les nœuds pour définir la santé du cluster.

5.4.1.2 Pacemaker

Pacemaker et de plus haut niveau, il se base sur Corosync pour toute la partie physique du cluster, mais il va gérer les ressources qui appartiennent à des groupes de ressources, ce qu'on appelle les rôles, maintenant dans le cluster Windows. Sa responsabilité est de gérer les groupes de ressources, de démarrer ou d'arrêter les services est de surveiller les ressources pour déterminer si elles sont encore vivantes, et sinon de déclencher un basculement.

La responsabilité de pacemaker est donc principalement la gestion des ressources, il s'agit de ce qu'on appelle un CRM, ou Cluster Resource Manager. C'est lui qui s'occupe de déplacer les ressources en cas de basculement.

Pacemaker gère une adresse IP virtuelle pour la connexion des clients au cluster, ce qu'on appelle une VIP, ou Virtual IP. WSFC, le service de cluster de Windows, j'ai également un nom de réseau virtuel, un VNN. Ce n'est pas le cas de Pacemaker. Vous devez gérer vous-même une entrée DNS pour cela.

5.4.1.3 PCS

La mise en place et la gestion d'un cluster à l'aide de corps aussi de pacemaker est facilitée par un script nommé PCS, pour Pacemaker/Corosync Configuration System. Il s'agit bien entendu d'un projet libre qu'on peut trouver sur cette adresse Github : https://github.com/ClusterLabs/pcs. Le script peut être utilisé à travers une interface graphique Web.

5.4.1.4 Quorum

Comme tout système de basculement automatique, Corosync doit gérer un quorum. Cela implique de pouvoir toujours définir une majorité. Il faut donc plus que deux nœuds ou deux acteurs dans le système, pour permettre d'atteindre une majorité lorsqu'un des nœuds est défaillant. Sur Windows, on peut définir un témoin, par exemple un témoin de partage de fichiers ou un disque de quorum. Corosync que ne supporte pas le concept de témoin. Il faut donc ajouter un nœud supplémentaire pour permettre un système fonctionnel.

5.4.1.5 Fencing

Pour éviter les situations de Split Brain, c'est-à-dire de deux nœuds qui se considèrent l'un et l'autre comme les principaux, le cluster doit s'assurer qu'il ne peut pas y avoir deux nœuds principaux en même temps. Sur Windows, c'est le service de cluster qui s'assure de démarrer les services d'un côté et de les arrêter de l'autre. Le concept est différent sur Linux. Pour éviter une situation de Split Brain, Linux utilise le concept de *fencing*, pour créer une barrière. Il s'agit simplement de tuer le nœud. Le terme utilisé est un acronyme : STONITH, qui signifie *Shoot The Other Node In The Head*. Le *fencing* peut être réalisé de façon logicielle ou matérielle. Il y a des cartes intégrées qui permettent d'arrêter la machine, ou des interrupteurs de l'alimentation. Les solutions logicielles sont basées sur un disque partagé qui fait office de disque de quorum, ou de contact avec l'hyperviseur dans un système virtualisé.

AlwaysOn Availability Groups, et BAG

Pour un groupe de disponibilité, on peut définit un réplica de type « configuration only ».

5.5.   Utiliser AlwaysOn sans cluster

SQL Server 2017 ajoute une option supplémentaire pour les groupes de disponibilités AlwaysOn. Nous pouvons maintenant créer un groupe de disponibilité sans cluster sous-jacent. La fonctionnalité est appelée en anglais *clusterless*. Cela vous permet de bénéficier de la copie d'une base de données vers un secondaire sans avoir besoin d'une architecture de basculement et de redirection des clients. Cela peut vous servir à créer un secondaire ouvert en lecture pour des rapports, ou à maintenir un environnement de secours dans le cadre d'un plan de PRA (Plan de Reprise d'Activité) ou PCA (Plan de Continuité d'Activité).

Vous pouvez aussi l'utiliser dans un scénario de migration.

Cela signifie également que vous n'avez pas besoin d'être dans un domaine, ce qui est pratique pour un PRA. La capacité de créer un groupe de disponibilité sans domaine existe déjà grâce aux possibilités de WSFC, mais dans le cas d'un groupe de disponibilité clusterless, c'est encore plus facile à mettre en place.

L'unique complexité vient de la configuration de la sécurité des points de terminaison pour la communication entre les nœuds. Cela doit se faire à l'aide de certificats échangés entre les nœuds.

Vous avez le droit de faire un basculement manuel entre les réplicas.

5.5.1.   Création du groupe de disponibilité

La commande `CREATE AVAILABILTY GROUP` est enrichie de la façon suivante.

```
CREATE AVAILABILITY GROUP group_name
   WITH ( CLUSTER_TYPE = { WSFC | EXTERNAL | NONE } )
```

La vue de catalogue `sys.availability_groups` est enrichie de deux nouvelles colonnes :

```
SELECT
      name,
      cluster_type,
      cluster_type_desc
```

```
FROM sys.availability_groups;
```